Für Sam

Ornithologische Randnotiz

Mancher Vogelkenner wird sich bei der Lektüre der deutschen Übersetzung fragen, ob Penguin Bloom wirklich eine Elster ist. Streng genommen nein – die »Australische Elster« (Australian magpie) ist mit unseren heimischen Silberlöffeldieben nur entfernt verwandt. Sie gehört zur Familie der Würgekrähen, hat den wissenschaftlichen Namen *Gymnorhina tibicen* und wird im Deutschen wegen ihres Rufes meist Flötenvogel genannt. Da Penguin aber in allen bisherigen Medienberichten als Elster bezeichnet wurde, wollten wir bei dieser Konvention bleiben. Übrigens stibitzen auch Flötenvögel für den Nestbau gern etwas aus menschlichen Behausungen!

Cameron Bloom & Bradley Trevor Greive

Penguin Bloom

Der kleine Vogel, der unsere Familie rettete

Aus dem australischen Englisch von Ralf Pannowitsch

PENGUIN VERLAG

Dank

Von den ersten Bildern und Textskizzen bis hin zur geschliffenen Fassung im finalen Layout, dem umweltfreundlichen Papier, dem sorgfältigen Druck und der soliden Bindung haben sehr viele begabte Menschen ihr Herzblut in das schöne Buch fließen lassen, das Sie gerade in den Händen halten.

Cameron Bloom und Bradley Trevor Greive danken vor allem Brigitta Doyle von ABC Books. Ihre echte und anhaltende Leidenschaft für diese Geschichte war für das Gelingen des Projekts ausschlaggebend.

Die Autoren möchten auch Simon ›M‹ Milne von HarperCollins Publishers Australien und Sir Albert Zuckerman von Writers House, New York, ihren persönlichen Dank für alle erwiesene Unterstützung ausdrücken

Familie

Wie man im schwarzen Afrika und bei den Ureinwohnern Nordamerikas
weiß, ist deine Familie das gesamte Dorf,
mit allen seinen Lebenden und seinen Toten.
Und deine Verwandtschaft endet nicht bei den Menschen.
Deine Familie spricht auch aus dem Knistern der Flammen zu dir,
im Rauschen des fließenden Wassers,
im Atmen des Waldes,
in den Stimmen des Windes,
im Zorn des Donners,
im Regen, der dich küsst,
und im Singsang der Vögel, die deine Schritte grüßen.

Eduardo Galeano

Vorbemerkung

Es ist schmerzhaft, unsere Geschichte mit anderen Menschen zu teilen, und doch: Es ist eine wundervolle und wahre Geschichte.

Immer wenn ich von den Tränen, dem Zorn und der Sehnsucht erzähle, spreche ich auch von Liebe.

Wir haben gelacht, bis uns die Tränen kamen, und wir haben uns in den Schlaf geweint, denn das ist das Wesen der Liebe.

Liebe verletzt.

Liebe heilt.

Prolog

Ich habe mich beim Kuchenessen in Sam verliebt. Sie trug ausgewaschene Jeans, ein weißes T-Shirt und eine königsblaue, mit Mehl bestäubte Schürze; sogar auf ihrer Nase war ein Tupfer Mehl. Sie war klein, furchtlos und unheimlich süß.

Sam arbeitete an den Wochenenden und während der Ferien in der Bäckerei ihrer Eltern in Newport Beach. Damals brachte sie ihre Ausbildung an der Technischen Universität Sydney zu Ende, um Krankenschwester zu werden. Trotz eines vollgepackten Stundenplans und langer Pendelstrecken strahlte sie, wenn sie hinter der Theke stand, dass sich der ganze Laden erhellte. Ich weiß nicht, woher sie die Energie nahm.

Sam war wie ein Junge aufgewachsen. Als Kind war sie still und schüchtern gewesen, aber sie saß nie ruhig da, vermutlich konnte sie das gar nicht. Wenn sie nicht gerade in der Schule war oder auf ihrem Skateboard herumsauste, putzte sie bei anderen Leuten oder half als Babysitterin aus, um sich ein Taschengeld zu verdienen. Schon als Teenager strebte sie nach finanzieller Unabhängigkeit. Immer lächelnd und auf eine lustige Art dickköpfig, war Sam ganz und gar das Kind ihres Vaters. Sie hatte gelernt, harte Arbeit zu lieben, Untätigkeit zu verabscheuen und über Schmerzen zu lachen. Ein Tag voller Arbeit ist für sie ein guter Tag, und Paracetamol ist für Schwächlinge.

Ich weiß nicht, was Sams Vater gedacht haben mag, als er mitbekam, dass ich mich in seine Tochter verliebt hatte. An einem Studium war ich nie interessiert gewesen, und die Schule hatte ich so früh wie möglich verlassen. Mit dreizehn schnappte ich mir die alte Kamera meines Vaters, und von diesem Augenblick an wusste ich, was meine Bestimmung war. Drei Jahre später gewann ich einen Fotowettbewerb mit Surferbildern. Der Sieg brachte mir vierzig Dollar und sechs Filmrollen ein. Mehr brauchte ein von sich überzeugter australischer Teenager nicht, um zu glauben, dass aus ihm der nächste Max Dupain werden sollte.

Egal ob ich im Fotoatelier mein Metier erlernte, in einer Dunkelkammer Bilder abzog oder einen Außentermin hatte – fast jeder Tag begann und endete auf einem Surfbrett. Es war kein Zufall, dass ich meine freie Zeit am liebsten gleich gegenüber vom Surfside Pie Shop verbrachte, wenn Sam dort arbeitete. Ihren Dienstplan konnte ich schon auswendig, und nachdem ich die letzte Welle des Tages geritten hatte, zog es mich oft schnurstracks in die Bäckerei. Dort bestellte ich einen heißen Pie mit Rindfleisch und Pilzen und schob noch ein Puddingtörtchen und eine Portion Smalltalk hinterher. Oft verzehrte ich meine leckeren Errungenschaften gleich im Laden – triefend nass in Surfshorts, mit klappernden Zähnen und sandigen Füßen – und schwatzte so lange mit Sam, wie sie es mit mir aushielt, häufig bis Ladenschluss.

Wenn meine Shorts getrocknet waren und ich mich besonders mutig fühlte, pirschte ich mich näher an Sam heran und grinste dabei wie ein Honigkuchenpferd. Ihr Vater war in den hinteren Räumen mit Backen beschäftigt; rotgesichtig und grimmig stand er in der Hitze der riesigen Backöfen. Seine blutunterlaufenen Augen schienen mir zu sagen, dass offenes Flirten gefährlich war, aber bald erfuhr ich, dass sein furchterregender Blick hauptsächlich einer Mehlallergie geschuldet war. Hinter der harten Schale verbarg sich ein weiches Herz, und verliebten jungen Leuten war er durchaus wohlgesonnen. Als Sam mir die übrig gebliebenen Würstchen im Schlafrock mitgab und die Stücke vom Schoko-Kokos-Kuchen, die sonst weggeworfen worden wären, wurde mir zum ersten Mal klar, dass ich eine echte Chance hatte. An diesem Tag liebte mein Hund Bundy Sam fast so sehr wie ich.

Sam war nie das typische Strandgirl. Während ihre Freundinnen ein Faible für lokale Klatschgeschichten, Filmstars und Byron Bay hatten, sprach Sam über Medizin, über Bücher, die ihr gefallen hatten, und über ihre Pläne, nach dem Studienabschluss nach Westafrika zu reisen. Nicht nur, dass Sam lustig und schön war – an ihr war auch etwas Besonderes, das ich schwer definieren konnte: obgleich sie sogar mit hohen Absätzen gerade mal eins fünfzig groß war, ging von ihr eine stille Kraft aus; ich spürte, wie mir ihre Lebensfreude Energie gab und ihre Gegenwart mich wärmte. Sie musste nicht andauernd reden und lenkte die Aufmerksamkeit nie auf sich, zugleich aber besaß sie ein stilles Selbstvertrauen, das den Eindruck erweckte, sie könnte alles schaffen, was sie sich in den Kopf setzte. Heute weiß ich, dass dieser Eindruck absolut zutreffend war.

Wir waren beide neunzehn, als wir zum ersten Mal miteinander ausgingen. Nach einem Drink oder auch zweien im Newport Arms Hotel war ich mutig genug, um Sam die Initiative ergreifen und mich zu einer Party in Bilgola Beach einladen zu lassen. Und das war's. Sam war meine erste, letzte und einzige Freundin, die zählte – ich wusste, dass ich die Liebe meines Lebens gefunden hatte.

Unsere Hochzeit war schlicht. Enge Freunde und Verwandte quetschten sich in den Garten hinter unserem Haus rund um einen fantasievollen Hochzeitsbaldachin. Ich hatte ihn von einer Hochzeit ausgeliehen, auf der ich einige Wochen zuvor fotografiert hatte. Ganz abgesehen davon, wie atemberaubend Sam ausgesehen hatte, muss ich noch immer an die unglaublichen Blumen denken und an die riesige Schokoladentorte, die

Sams Vater gebacken hatte. Mit Tränen der Freude in den Augen nahm er mich als seinen Sohn in die Arme. Bevor die Festivitäten außer Kontrolle gerieten, überraschte ich meine Braut mit einer Maori-Tanzgruppe, die traditionelle Lieder und einen Haka-Tanz darbot. Das war vielleicht ein wenig seltsam, weil keiner von uns beiden neuseeländische Wurzeln hatte, und doch war es irgendwie perfekt. Als ich Sams entzücktes Lachen hörte, wollte ich sie dafür am liebsten gleich noch einmal heiraten.

Sam begann ihre Laufbahn als Krankenschwester auf der neurochirurgischen Station des Royal Prince Alfred Hospital in Camperdown. Unser erstes Zuhause war ein westentaschengroßes Reihenhaus in Sydneys Stadtteil Inner West. Unsere Verbindung zur Küste ließen wir aber nie abreißen, und häufig pilgerten wir quer durch die Stadt, um den Strand zu erreichen. Neben der Liebe zum Ozean teilten wir eine Leidenschaft für das Reisen. Wann immer wir fortkonnten, um die Welt zu erkunden und neue Kulturen zu erleben, schulterten wir unsere Rucksäcke und brachen in unbekannte Gegenden auf.

Viel Geld hatten wir nicht, aber das war auch nicht wichtig, denn keiner von uns beiden machte sich etwas aus Luxusresorts oder Pauschalreisen. Sam und ich sind gern an der frischen Luft – staubige Pfade mögen wir mehr als Großstadtstraßen, Lehmhütten sind uns lieber als Museen, und ein Imbiss sagt uns mehr zu als teure Restaurants. Einen von funkelnden Kronleuchtern erhellten Ballsaal finden wir langweilig im Vergleich zu einem Nachthimmel voll unbekannter Sternbilder.

Bis zu unserem zehnten Hochzeitstag waren wir rund um das Mittelmeer und darüber hinaus gereist. Sams Traum, Afrika zu besuchen, ging fünfmal in Erfüllung; wir bereisten Marokko, Senegal, Mali, Mauretanien, Burkina Faso, die Elfenbeinküste, Ghana, Togo, Botswana und Äthiopien. Darüber hinaus erkundeten wir den Nahen Osten und waren an Orten, die heute für Touristen völlig tabu sind. Je weiter wir kamen, desto mehr verliebten wir uns. Und je mehr wir uns verliebten, desto weiter wollten wir reisen.

Viele meiner kostbarsten und beständigsten Erinnerungen hängen mit Erlebnissen zusammen, die ich während dieser wilden und freudvollen Streifzüge mit Sam teilte. Nie werde ich vergessen, wie wir in der Türkei noch vor Morgengrauen den Berg Nemrut erkletterten, wie wir auf Araberpferden zur Stufenpyramide des Djoser ritten, der frühesten in Ägypten errichteten Pyramide, oder wie wir Seite an Seite an den Wällen der Festung Quasr Ibn Ma'an standen, hoch über der antiken Ruinenstadt Palmyra in Syrien.

Nicht immer waren wir in untergegangenen Städten und schwierigem Gelände unterwegs – während einer Woche, in der wir unsere Schritte durch das Labyrinth der Seitenstraßen von Rom lenkten, aßen wir handgemachte Pasta, bis wir dachten, wir müssten platzen. Und dann aßen wir noch mehr davon. Exotische Geschmacksrichtungen und Ethno-Food haben wir schon immer geliebt; solche Dinge spielten in unserem Leben eine wichtige Rolle – immerhin hatte das Essen uns ja einst zusammengebracht!

Sam und ich fühlten uns vom Glück verwöhnt, weil wir diese außergewöhnlichen Erfahrungen teilen durften, und wünschten uns, es würde immer so weitergehen, auch für unsere Kinder und Enkelkinder. Wir hätten uns nie vorstellen können, mit dem Reisen aufzuhören, und hofften bereits, so bald wie möglich nach Afrika zurückzukehren, als das Leben Größeres mit uns vorhatte – Dinge, die in einem flatterigen Zelt in den kenianischen Ebenen ihren Anfang genommen hatten. Ich war überglücklich, als Sam merkte, dass sie schwanger war. Bewundernswert stoisch mit ihrem enormen

Bauch (ihr Hüftumfang stand der Körpergröße kaum nach), hantierte Sam im Haus herum wie ein entschlossener Käfer.

Ihre erste Schwangerschaft war die schwierigste. Sam wollte eine natürliche Geburt, aber nach zweiundzwanzig Stunden Wehen sah es nicht gut aus. Es wurde immer deutlicher, dass unser Baby unter Sauerstoffmangel litt, und das Geburtshilfeteam wollte schleunigst einen Kaiserschnitt vornehmen. Bei der Eile, unser Kind sicher auf die Welt zu bringen, versagte die Epiduralanästhesie, und Sam fühlte, wie das Skalpell des Chirurgen ihr ins straffe Fleisch schnitt. Das konnte nicht anders als qualvoll sein, und doch ertrug sie es irgendwie. Ihr Gesicht wurde totenblass, aber sie drückte nur fest meine Hand und schrie nicht auf. Ich glaube, dass nur eines auf der Welt ihre schrecklichen Schmerzen lindern konnte – der Anblick des winzigen, vollkommenen Gesichts unseres kleinen Sohnes Rueben.

Ich hätte es verstanden, wenn Sam nach einer so schrecklichen Erfahrung nie wieder eine Geburt hätte durchmachen wollen, aber sie liebte es, Mutter zu sein, und wollte eine größere Familie. Als unser zweiter Sohn Noah zur Welt kommen sollte, war Sam erstaunlicherweise so ruhig und zuversichtlich, dass sie beschloss, sich auf dem Rücksitz unserer silbernen Vespa von mir ins Krankenhaus bringen zu lassen. Auf dem Parkplatz der Entbindungsstation standen sie Spalier, mit teils schockierten, teils lächelnden Gesichtern. Zwei Jahre später begrüßten Sam und ich den kleinen Oliver auf der Welt, und nun war unsere Familie komplett.

Inzwischen waren wir nach Northern Beaches gezogen, an den Stadtrand von Sydney – zurück in jene Gegend, in der wir beide aufgewachsen waren. Um sich auf die Erziehung unserer drei ungestümen Jungs konzentrieren zu können, arbeitete Sam nun nicht mehr als Vollzeit-Krankenschwester, und die aufkommende Digitalfotografie brachte es mit sich, dass ich von zu Hause aus arbeiten und als Papa mit anpacken konnte. Es war eine himmlische Zeit.

Mit drei halbwilden Jungs konnten wir nicht mehr wie früher rund um den Globus reisen, aber Ruhe gaben wir deshalb noch lange nicht. Sam und ich surften und schwammen, so oft es möglich war. Sam fuhr Skateboard, ging joggen, stieg aufs Mountainbike und spielte Fußball, und als wäre das alles noch nicht genug, trainierte sie regelmäßig im örtlichen Fitnessstudio. Kein Wunder, dass unsere Söhne alle nach der Mutter kamen: Noch ehe sie ihre Schnürsenkel selbst binden konnten, betrieben sie voller Begeisterung alle möglichen Sportarten. Unsere Garage war vollgestellt mit BMX-Rädern, Surfbrettern, Skateboards, verdreckten Fußballschuhen und Rugbybällen.

Während die Kindergeburtstage kamen und gingen, warteten wir mit immer größerer Vorfreude darauf, dass die Jungs alt genug sein würden, um unsere Vorliebe für Abenteuerreisen zu teilen. Wir dachten uns alle möglichen Reiserouten auf der ganzen Welt aus, waren aber so damit beschäftigt, unser Haus in Ordnung zu halten, beruflich auf der Höhe zu bleiben und Schulbildung wie Freizeitaktivitäten unserer Kinder auf die Reihe zu bekommen, dass wir uns langsam fragten, ob wir jemals wieder ein Flugzeug von innen sehen würden. Aber als Sams Vater starb, wurde uns klar, dass wir uns einfach die Zeit nehmen mussten. Solch ein geliebtes Vorbild zu verlieren, traf uns hart und erinnerte uns daran, dass wir als Eltern mit unseren Kindern für so viele glückliche Erinnerungen sorgen mussten, wie wir nur konnten.

Ägypten war unsere erste Wahl. Wir wollten unseren Söhnen zeigen, dass die alte Geschichte noch immer lebendig war. Leider hatten sich seit unserer letzten Reise in den Nahen Osten die Rahmenbedingungen verschlechtert – es war keine gute Gegend mehr für ausländische Reisende, erst recht nicht für solche, die mit kleinen Kindern unterwegs waren. Wir beschlossen, dass sich unser erstes großes Auslandsabenteuer als Familie ein bisschen näher an unserer Heimat abspielen sollte, und entschieden uns daher für Thailand, ein faszinierendes Land, über das wir schon viel Wunderbares gehört hatten.

Wir machten uns nach Phuket auf, das zu unserer Überraschung inzwischen zum beliebtesten Badeort in ganz Südostasien geworden war. Die Einheimischen waren reizend und die Strände sehr schön, aber die Thaikultur, die wir unsere Kinder erleben lassen wollten, war praktisch unsichtbar in diesem Ort, der, wie sich herausstellte, eine internationale Partystadt für jugendliche Rucksacktouristen war. Unsere hochfliegenden Erwartungen wurden erst mal enttäuscht, aber Sam und ich wollten auf keinen Fall klein beigeben. Wir freuten uns, dass andere Touristen hier ihren Spaß hatten, aber wir hatten doch nicht zehn Stunden im Flugzeug gesessen, damit unsere leicht beeinflussbaren Jungs Cheeseburger aßen und über T-Shirts mit anstößigen Aufdrucken kicherten.

Nachdem wir, um uns wieder zu sammeln, ein erfrischendes Bad in der Andamanensee genommen hatten, dachten wir bei einem Chicken Satay mit Reis über unsere Optionen nach. Noch ehe die Sonne untergegangen war, hatten wir unsere Flucht geplant. Wir wollten Chiang Mai ansteuern und dann noch weiterfahren, ungefähr 1500 Kilometer Richtung Norden. Dort wollten wir Thailands indigene Bergstämme aufsuchen, die in der Grenzregion mit Myanmar und Laos leben. Für unterwegs hatten wir einige Zwischenstopps an der Küste eingeplant, um uns zu entspannen und das Leben der thailändischen Landbevölkerung kennenzulernen.

Am nächsten Morgen drängte sich Familie Bloom in einen Minivan und fuhr auf der Thanon Phetkasem, Thailands längster Schnellstraße, nach Ostnordosten. Sechs Stunden später waren wir auf der anderen Seite der Malaiischen Halbinsel angelangt – am Südchinesischen Meer. Dort fuhren wir pünktlich zum Abendessen in ein kleines Küstendorf am Golf von Thailand ein. Es war perfekt.

Als wir am nächsten Tag bei Sonnenaufgang erwachten, waren wir begierig darauf, die Gegend zu erkunden. Abgesehen von Kokospalmen, die sich im Wind wiegten, war der Strand leer. Das Wasser zog uns magisch an, und so sprangen wir alle hinein und verbrachten die nächsten drei Stunden lachend und herumspritzend in völliger Ausgelassenheit. Für Sam und mich waren Freude und Erleichterung geradezu mit Händen zu greifen. Nun würde Thailand doch noch das traumhafte Familienabenteuer werden, das wir uns erhofft hatten.

Während die Jungs miteinander rangen und in den sich am Ufer brechenden Wellen herumtollten, zog sich Sam ein türkisfarbenes T-Shirt und schwarze Shorts über ihren Bikini. Ihrem Beispiel folgend, trockneten wir uns ebenfalls ab, zogen T-Shirts und Flipflops an und schlenderten zur Hotelrezeption hinüber, wo ich mich nach der Möglichkeit erkundigte, Fahrräder auszuleihen. An diesem Tag wollten wir einfach nur entspannt durch die Landschaft radeln, um einen besseren Eindruck davon zu bekommen, wo wir waren und was uns hier geboten wurde.

Niemand hatte etwas gegessen, und vielleicht lag es an der Hitze und Luftfeuchtigkeit – jedenfalls waren wir trotz unseres frühen Aufbruchs und des aktiven Vormittags eher durstig als hungrig. Die nette ältere Dame an der Freiluftbar unweit der Rezeption bot uns an, frischen Saft aus handgepflückten tropischen Früchten und zerstoßenem Eis zu machen.

Genau das brauchten wir jetzt. Die Jungs wählten Kombinationen aus Ananas, Mango und Kokoswasser (letzteres hauptsächlich, um mitzuerleben, wie die kleine Thai-Oma eine gewaltige Machete geschickt niedersausen ließ, um den Kokosbast und die spröde Schale zu spalten). Sam und ich bestellten frischen Papayasaft mit einem Spritzer Kaffir-Limette. Augenblicklich war der salzige Geschmack des Meeres aus meinem Mund verschwunden. Ich glaube, so etwas Erfrischendes hatte ich noch nie getrunken.

Während wir zufrieden schlürften, schweiften unsere Blicke über den Hof. Uns gegenüber gab es eine Wendeltreppe, die zu einer Aussichtsterrasse auf dem Dach führte. Als wir ausgetrunken hatten, stiegen wir hinauf, um uns von oben die Umgebung anzuschauen. Voller Freude entdeckten wir, dass dieser Aussichtspunkt, obwohl er nur gut zwei Stockwerke hoch lag, einen unverstellten Blick in alle Richtungen bot. Sam und die Jungs suchten den sich endlos ausdehnenden Sandstreifen nach vielversprechenden Surfstellen ab – in diesem Golf eher eine Seltenheit. Ich wandte meinen Blick vom Strand ab und sah, dass wir an einem viel abgeschiedeneren Ort waren, als ich zunächst gedacht hatte. Er war umgeben von Ananas- und Kokosplantagen, und hier und dort standen schläfrig wirkende Wasserbüffel herum.

Inzwischen war es schon fast elf, und alles lag still und heiß da. Abgesehen von einem stolz zerzausten Hahn, der zu seinem Sitzplatz im Geäst des riesigen Gummibaums neben dem Hotel hinaufflog, rührte sich so gut wie nichts. In der Ferne entdeckte ich einen glitzernden und schimmernden buddhistischen Tempel, und so machte ich ein paar Fotos und merkte mir, in welche Richtung wir unsere Räder nach dem Mittagessen zu lenken hatten – oder vielleicht auch erst später am Tag, wenn es etwas kühler geworden war.

Und dann blieb die Zeit stehen.

Ich hörte ein schreckliches Klirren wie von zerspringenden Glocken, den Klang von Metall, das heftig auf Stein prallt.

Sam hatte sich gegen das Geländer gelehnt – parallele Reihen von Eisenstäben, die in Betonpfeilern verankert waren. Gehalten wurden sie von robust aussehenden Holzpflöcken, die jedoch, was keiner wissen konnte, im Innern von Trockenfäule zerfressen waren. Die Absperrung brach durch, und die herumwirbelnden Eisenstäbe schlugen sechs Meter unter uns auf dem harten, blauen Zementboden Funken. Dieses Geräusch kreischte in meinen Ohren und ließ mich blitzschnell den Kopf herumwerfen.

Als das Geländer nachgegeben hatte, war Sam der Schreck in die Glieder gefahren, und sie hatte das Gleichgewicht verloren. Für einen unendlich langen Augenblick schwebte sie über der Kante, in einem unmöglichen Winkel dem Abgrund entgegengeneigt. Ihre schlanken Arme ruderten wild umher, und ihre Finger waren dabei so weit auseinandergespreizt, als versuchte sie, in der Luft Halt zu finden und dem Sturz zu entgehen.

Und dann sah ich sie nicht mehr.

Sie hat nicht geschrien. Ich habe nicht gehört, wie sie unten aufschlug. In meinen Ohren toste eine furchtbare Stille. Mein Kopf war wie leer gefegt; alle Gedanken bis auf einen waren ausgelöscht durch einen grellen Blitz aus Angst und Entsetzen. Ich ließ alles fallen und rannte zu der Stelle, wo sie abgestürzt war. Der Blick nach unten war schrecklicher, als ich es mir hätte vorstellen können. Sechs Meter unter mir lag Sam völlig verdreht auf den Fliesen.

Sie gab nicht den kleinsten Laut von sich.

Zeit und Raum schienen sich zusammenzufalten. Plötzlich kniete ich an Sams Seite. Sie war bewusstlos, aber sie lebte. Gerade noch.

Der heftige Aufprall hatte ihre roten Flipflops weggeschleudert, und auch die Sonnenbrille war verschwunden. Ihre Augenlider waren nicht ganz geschlossen, und mein Blick streifte das Weiße unter ihren Pupillen. Das hätte schon genügt, um mich aus der Fassung zu bringen, aber dann sah ich den scheußlichen knochigen Buckel in der Mitte ihres Rückens, einen wütenden, missgestalteten Höcker von der Größe meiner Faust. Er drückte sich durch ihr T-Shirt, und ich fürchtete das Schlimmste.

Sam hatte sich die Zunge durchgebissen – ihre zusammengepressten Zähne waren rot gefleckt –, und jeder ihrer rauen, japsenden Atemzüge war ein schwaches, blubberndes, gespenstisches Keuchen. Ich versuchte ihr den Mund zu öffnen, um die Atemwege freizubekommen, aber ihr Unterkiefer war blockiert. Ich riss mir das T-Shirt vom Leib und knautschte es zu einem kleinen Kissen zusammen. Dann versuchte ich, ihr Gesicht ganz sacht zur Seite zu drehen und sie in stabile Seitenlage zu bringen. Aber kaum hatte ich die Hände um ihren Kopf gelegt, spürte ich etwas Warmes und Feuchtes. Wohin ich auch schaute, überall sickerte Blut durch ihr blondes Haar. Sams Kopf war in zwei verschiedenen Richtungen aufgeplatzt. Egal an welche Stelle ich meine Hände legte, egal wo ich ihr Haar teilte oder wie sehr ich mein blutgetränktes T-Shirt als Kompresse gegen ihren Kopf drückte – weder konnte ich die Blutung stillen, noch fand ich die Enden der gezackten Wunden, aus denen dieses Blut kam. Ich sah, wie ein immer größer werdender purpurner Heiligenschein Sams engelhaftes Gesicht umgab. Ihr Lebenssaft lief auf dem Beton zu einer Pfütze zusammen. Und aus meinem Herzen schwand die Hoffnung.

Ich schrie nach Hilfe. Verzweifelt und mit kläglichem Erfolg versuchte ich es meiner bewusstlosen Frau ein wenig leichter zu machen. Ich rief nach einem Krankenwagen. Dann schrie ich wieder nach Hilfe. Ich brauchte jemanden, egal wen, der meine Söhne zurückhielt; ich wollte verhindern, dass sie ihre Mutter in diesem Zustand sahen. Aber als ich aufschaute, standen sie alle drei neben mir, stumm und mit aschfahlen Gesichtern.

Noah sagte keinen Ton, aber heiße Tränen rannen ihm über die Wangen. Für den kleinen Oli war das Entsetzen zu groß; er krümmte und übergab sich. Rueben, der Älteste, nahm seinen ganzen Mut zusammen, aber als er versuchte, etwas zu sagen, kamen die Worte als gespenstisches Wispern aus seinem Mund: »Wird Mama gleich sterben?«. Ich kann mich bis heute nicht erinnern, was ich ihm geantwortet habe oder ob ich ihm überhaupt eine Antwort gab.

Touristen und Einheimische eilten herbei; einige trösteten unsere beiden Jüngsten und schirmten sie vom Unfallort ab, während sich andere zu mir gesellten und alles taten, worum ich sie bat. Rueben sprintete zur Rezeption, um einen Krankenwagen anzufordern. Innerhalb von zwanzig Minuten trafen die Rettungssanitäter ein und nahmen die Sache in die Hand – Sam wurde auf ein langes, orangefarbenes Spineboard geschnallt und in den Rettungswagen geschoben. Ich stolperte hinter meiner geliebten Frau her und wollte alles Erdenkliche tun, um sie zu retten, aber in Wahrheit war ich machtlos.

Sam blieb drei Tage an jenem orangenen Brett festgebunden; sie wurde in Notaufnahmen gerollt und wieder hinausgeschoben und musste die lange und beschwerliche Reise vom örtlichen Krankenhaus in ein größeres Klinikum, das näher an Bangkok lag, über sich ergehen lassen. Sie wechselte zwischen einem halbwachen Zustand und Bewusstlosigkeit hin und her – sie hatte schreckliche Schmerzen, nestelte im Halbschlaf oft an den Riemen, die sie festhielten, und versuchte die Maske und die Schläuche, die sie am Leben hielten, abzustreifen. Wenn für ein paar flüchtige Momente das klare

Bewusstsein heraufzudämmern begann, versuchte sie meinen Namen zu rufen. Und dann begann sie zu weinen.

Ein Chirurgenteam wollte Sam sofort operieren, aber ihr Blutdruck war viel zu schwankend, als dass sie eine Operation hätte überleben können. Und so warteten wir. Wir warteten und warteten. Man sagte mir, es gäbe nur »eine gewisse Chance, dass sie durchkommen könnte«.

Der Konsul aus der australischen Botschaft kam aus der Hauptstadt und half mir, für die Jungs zu sorgen; er brachte sie in einem nahe gelegenen Hotel unter. Irgendwann duschte ich mich und zog andere Sachen an; ich versuchte, etwas zu essen und ein wenig Schlaf zu finden, aber Sams kritischer Zustand und ihr Leiden überdeckten alles andere. Ich wollte meine Frau keinen Moment aus den Augen lassen, denn ich hatte Angst, bei ihrem letzten Atemzug nicht anwesend zu sein. Und gleichzeitig graute es mir bei dem Gedanken, diesen letzten Atemzug mitzuerleben.

Als sie endlich aus dem Operationssaal gerollt wurde und ihr Bett in einem Hightech-Lebenserhaltungssystem auf der Intensivstation seinen Platz fand, teilte man mir die medizinischen Details mit: Sams Schädel war an mehreren Stellen gebrochen, und das Gehirn blutete und war gequetscht. Beide Lungenflügel waren gerissen, und einer hatte völlig zu arbeiten aufgehört, weil sich Sams Brusthöhle mit Blut gefüllt hatte. Es gab kein Organ, das nicht in Mitleidenschaft gezogen worden wäre, und ihr Rückgrat war am sechsten und siebten Brustwirbel gebrochen, gleich unterhalb der Schulterblätter.

Nachdem Sam aus der Betäubung aufgewacht war, konnte sie aus eigener Kraft atmen, was alle sehr erleichterte. Ihre Beine aber spürte sie noch nicht. Allerdings war die Rückenverletzung auch so schwer, dass man uns sagte, Sam leide wahrscheinlich unter einem spinalen Schock. Die Nervensignale würden sich im Laufe der nächsten sechs bis acht Wochen, wenn die Schwellung zurückging, allmählich wieder einstellen.

Die Zunge verheilte, aber etwas anderes machte Sam das Sprechen schwer: Aufgrund ihrer schrecklichen Kopfverletzungen hatte sie ständig migräneartige Schmerzen. Als die Jungs sie zum ersten Mal besuchen durften und ihr furchtbar geschwollenes Gesicht sahen, erstarrte Noah, weil er glaubte, seine Mutter wäre tot. Und als Sam endlich etwas sagen konnte, klagte sie nicht und bettelte nicht um Mitleid; sie bat uns nur mehrmals um Entschuldigung dafür, dass sie uns den Urlaub verdorben hatte. Ihre Selbstlosigkeit und ihr Mut waren außerordentlich, aber leider nicht ansteckend – ich konnte meine Tränen nicht zurückhalten, und bald standen wir alle weinend da.

Die Wochen flossen träge dahin, ohne dass es Anzeichen für eine Besserung gab. Sam hatte den Geruchs- und den Geschmackssinn eingebüßt, und unterhalb der ominösen Quetschstelle am Rücken zeigte sie keine Reflexreaktion. Aber sie blieb zuversichtlich und lehnte die Einnahme von Schmerzmitteln ab, sooft sie es ohne aushalten konnte: Sie hoffte, auf diese Weise das erste Anzeichen für den wirklichen Beginn der Genesung nicht zu verpassen. Als die Ärzte befanden, dass Sam reisefähig war, flog man sie heim nach Sydney. Dort wartete sie in einem Krankenhaus geduldig auf bessere Nachrichten. Sie wartete vergebens.

Als ich einmal nicht da war, teilte ihr ein gefühlloser Arzt brüsk mit, es sei inzwischen offensichtlich, dass sie niemals wieder werde laufen können. Meine tapfere Frau war am Boden zerstört. Ich weiß nicht, wie sie es nach diesem niederschmetternden Schlag schaffte, aktiv am Rehabilitationsprozess teilzunehmen. Aber sie tat es. Und zwar mit ganzer Kraft.

Es dauerte sieben Monate, bis Sam aus der Abteilung für Wirbelsäulenverletzungen entlassen wurde. Die Jungs und ich waren überglücklich, sie wieder bei uns zu Hause zu haben, aber wenn wir auch noch so breit lächelten – jeder von uns war untröstlich und fürchtete die nächsten Monate. Der dünne Lack des Freudenfestes konnte unser Gefühl der Hoffnungslosigkeit kaum übertünchen.

Uns zuliebe tat Sam ihr Bestes, um optimistisch zu wirken. Aber wir konnten sehen, wie sehr sie zu kämpfen hatte. Jeden Tag lag eine Schlacht vor ihr, die sie nicht gewinnen konnte. Nicht mehr imstande, ihrem inneren Antrieb zu folgen oder ihre unbändige Energie unmittelbar umzusetzen, konnte sie auch am Familienleben nur mehr am Rand teilnehmen, beobachtend, hoffend. In aller Stille betrauerte Sam den Verlust ihres früheren Selbst; sie weinte sich leise in den Schlaf und wachte weinend auf. Immer wenn die Jungs zu ihr kamen, schöpfte sie neue Kraft, und doch spürte ich, dass ihre innere Stärke nachzulassen begann. Sie war nicht mehr jene Naturgewalt, als die ich sie stets gekannt hatte. Sie lächelte seltener und nicht mehr so strahlend. Jeden Morgen dauerte es ein wenig länger, bis sie aus unserem Schlafzimmer kam. Eigentlich wollte sie überhaupt nicht mehr aufwachen.

Dass ein so unbändig freier und leidenschaftlicher Geist nun durch die Schmerzen und den Rollstuhl irgendwo ankerte, wo unsere Liebe ihn nicht mehr erreichte, war mehr, als wir ertragen konnten.

Ich suchte Rat und Unterstützung, wo immer ich konnte, aber nichts schien zu helfen.

Langsam, aber sicher verlor ich die Liebe meines Lebens.

Und dann kam Penguin zu uns.

Die »Hoffnung« ist ein Federding –

Emily Dickinson

Penguin Bloom

Engel gibt es in allen Formen und Größen.

Penguin war nur ein kleines Elsterküken mit wackeligem Kopf, als mein Sohn Noah sie auf dem Parkplatz neben dem Haus seiner Großmutter fand.

Windböen, die von der Küste her wehten, hatten sie aus ihrem Nest geworfen, das sich etwa zwanzig Meter hoch in einer riesigen Norfolktanne befand. Sie war wohl durch das Geäst gekugelt und gepurzelt, immer wieder aufgefangen worden und weiter gefallen, bis sie schließlich auf dem Asphalt hart aufgeschlagen war.

Ein Flügel hing schlaff an ihrer Seite hinab, und obwohl sie sehr ramponiert war und sich kaum bewegen konnte, hatte sie unglaubliches Glück gehabt, einen so schrecklichen Sturz zu überleben.

Aber sie war noch nicht über den Berg. Ohne sofortige Hilfe wäre das zitternde Küken innerhalb von Stunden gestorben.

Unsere Familie hatte schon so viel Tragisches erlebt, dass es für ein ganzes Menschenleben reichte. Wir konnten nicht einfach untätig zuschauen. Sam bat Noah, den kleinen Vogel aufzuheben. Und mit der Großmutter am Steuer sausten sie nach Hause.

Da wir keine Tierstation finden konnten, die ein verletztes Vogeljunges aufnahm, beschlossen Sam und ich, solange für sie zu sorgen, bis ihre Verletzungen verheilt waren und sie stark genug war, um allein zurechtzukommen. Wie lange das dauern würde, spielte keine Rolle. Falls uns das nicht gelingen sollte, würden wir sie hinter dem Haus begraben. So oder so würde sie bei uns bleiben.

Die Jungs gaben ihr wegen ihres schwarzweißen Gefieders sofort den Namen Penguin, und dabei blieb es.

Unsere drei Söhne hatten plötzlich eine kleine Schwester – Miss Penguin Bloom.

Wir besaßen keinen Vogelkäfig und hatten auch nicht vor, einen zu kaufen. Penguin war ein Wildvogel, und wir wollten sie nicht zu etwas anderem erziehen. Wir bauten ein schlichtes Nest aus einem alten geflochtenen Wäschekorb und polsterten es mit weichem Baumwollstoff aus, damit Penguin es warm hatte.

Es ist nie einfach, sich um ein krankes oder verletztes Lebewesen zu kümmern, aber wir sollten bald herausfinden, dass die Pflege eines Vogelbabys eine besondere Herausforderung ist. Unser kleines Mädchen machte uns ganz schön zu schaffen. Besonders in den ersten Wochen war gewaltiger Einsatz nötig, um für Penguin zu sorgen.

Anfangs musste Penguin alle zwei Stunden gefüttert werden. Vor und nach der Schule wechselten sich Noah, Oli und Rueben bei der Fütterung ab, während Sam und ich für den Rest des Tages die Pflichten eines Küchenchefs und eines Kindermädchens übernahmen.

Doch während wir es als großen Sieg verbuchten, Penguin zum Essen, Trinken und Schlafen zu bewegen, stand ihre Genesung auf Messers Schneide.

Obgleich sich herausstellte, dass ihr verletzter Flügel nicht so zerschmettert war, wie wir anfangs befürchtet hatten, schien es doch kaum wahrscheinlich, dass sie jemals würde fliegen können. Der Sturz hatte sie erheblich geschwächt, und sie war sehr krankheitsanfällig.

Es gab viele Tage, an denen Penguin ihr Futter stehenließ und so apathisch dahockte, dass wir schon dachten, wir würden sie verlieren.

Wenn wir sie an manchen Abenden ins Bett brachten, fragten wir uns, ob sie die Nacht überleben würde.

Trotz aller Rückschläge taten wir für unser kleinstes Familienmitglied weiterhin alles, was wir konnten. Wir spielten mit Penguin, sangen ihr etwas vor und bewegten sie dazu, gut zu essen und ihren verletzten Flügel zu trainieren. Viel Geduld und eine Menge Liebe waren vonnöten, bis Penguin allmählich größer und selbstsicherer wurde.

Als Küken beeindruckte sie nicht gerade durch ihre Flügelspanne. Oft ähnelte sie einem manischen Flauschball mit Schnabel, aber manchmal konnten wir schon erahnen, welche stolze Göttin der Lüfte aus Penguin einmal werden sollte.

Wie die meisten Jugendlichen durchlief auch Penguin eine etwas schräge Phase. Als ihre erste Mauser kam, trat sie, wie wir es nannten, in ihre »Grufti-Periode« ein.

Aber selbst damals war sie auf ihre seltsame und wunderbare Art ganz fabelhaft, und wir liebten sie nicht minder.

Wie alle kleinen Schwestern lernte sie bald, wie sie ihre großen Brüder in den Wahnsinn treiben und ungestraft damit durchkommen konnte. Am Ende aber schlossen sie immer Frieden und blieben die besten Freunde.

Sam und ich mussten zugeben, dass es hinreißend war, die »Kinder« zusammen groß werden zu sehen.

Penguins Kräfte wuchsen in gleichem Maße wie ihre Neugier. Wir sperrten sie nie in irgendeinen abgetrennten Bereich. So konnte sie stets an jeden Ort, der ihr interessant schien.

Es dauerte nicht lange, bis sie im Garten auf Futtersuche ging, um ihren Speiseplan zu ergänzen. Nun konnte man deutlich sehen, wie sie immer unabhängiger wurde.

Obwohl es Penguin freistand, das Haus zu verlassen, schlief sie weiterhin drinnen. Es freute uns, dass sie gern bei uns lebte, aber wir wollten auch, dass sie ihren natürlichen Instinkten folgte und ein Verhalten zeigte, das einer australischen Elster angemessen war.

Um ehrlich zu sein – wir hatten keine Ahnung, wie so ein Verhalten aussah.

Damit es ihr gut ging, musste Penguin viel mehr Zeit im Freien verbringen. Ihre Gesundheit und ihr Wohlbefinden hingen auf lange Sicht davon ab, wie sie es schaffen würde, in ihrer natürlichen Umgebung allein zurechtzukommen. Man konnte es kaum als geeignete Vorbereitung auf diesen wichtigen Übergang betrachten, wenn sie vor Videospielen hockte oder sich Filme anschaute.

An dieser Stelle wäre auch anzumerken, dass man eine Elster nicht stubenrein bekommt – zumindest kennen wir keine wirkungsvolle Töpfchentrainingsmethode. Nachdem Penguin ihre Signatur zigmal auf Möbeln, Teppichböden, Tagesdecken, Vorhängen, Hüten, Fernsehern und Computern hinterlassen hatte, beschlossen wir, dass sie nun alt genug für eine eigene Wohnung war.

Diese Entscheidung wurde nicht besonders begrüßt.

Zum Glück gibt es hinter unserem Haus einen großen Frangipani-Baum, dessen unterste Äste leicht erreichbar sind. Penguin hatte ihn schon immer gemocht, und nun wurde er zu ihrem Hauptwohnsitz.

Sie war dem Haus immer noch nahe genug, um schnell mal vorbeizuschauen, wenn ihr der Sinn danach stand – und das tat sie auch häufig. Trotzdem war es für Penguin eine schwierige Zeit. Aber auch für uns war es nicht leicht, sie auf ihrem Weg ins Unbekannte zu beobachten.

Wir machten uns ständig Sorgen um sie.

Und das aus gutem Grund.

Australische Elstern können ein ausgeprägtes Revierverhalten zeigen, und manchmal wurde Penguin von einer Gang aus ortsansässigen Vogelrowdys niedergemacht. Sie stießen sie zu Boden, krallten nach ihr und zerkratzten sie. Sie schnappten nach ihren Federn und versuchten, ihr in die Augen zu hacken.

Unser mutiges Mädchen hielt dagegen, aber es war wirklich schlimm mit anzusehen, wenn sie verletzt wurde und Schmerzen litt.

Und erst recht herzzerreißend war, wenn wir spürten, wie sie begriff, dass solche Bösartigkeit nun ein Teil ihrer Welt war.

Man muss Penguin wirklich Respekt dafür zollen, dass sie sich von ihren gewalttätigen Unterdrückern nicht unterkriegen ließ. Australische Elstern sind für ihren schönen Gesang bekannt, und Penguin ist mit einer wunderbaren Stimme gesegnet. Sie hat Freude am Singen und hört manchmal stundenlang nicht wieder auf.

Penguin scheint immer genau zu wissen, wann unsere Jungs von der Schule kommen. Gegen halb vier bringt sie sich im Orangenbaum am Rande unseres Grundstücks in Stellung und wartet darauf, dass sie um die Ecke kommen. Sobald sie ihre Stimmen hört, singt sie los, und die Jungs antworten ihr fröhlich in ihrem besten nachgeahmten Elstergesang. In einem freudigen Begrüßungschor gehen die Rufe immer wieder hin und her.

Auch wenn Sam und ich mit dem Auto in die Auffahrt einbiegen, bringt Penguin jedes Mal laute, melodische Trillertöne hervor, um uns daheim zu begrüßen. Dann schlägt sie mit den Flügeln, wackelt aufgeregt mit den Schwanzfedern und stolziert zur Haustür, um eingelassen zu werden.

Penguin von der Wohnung fernzuhalten, ist eine Herausforderung, an der wir mit Vergnügen scheitern. Obwohl sie ja offiziell ausgezogen ist, wird sie in unserem Haus immer ein willkommener Gast sein – und das scheint sie auch für selbstverständlich zu halten.

Wir tun unser Möglichstes, damit sie auf ihrem Frangipani-Ast schläft, aber sobald wir ein Fenster offen lassen, schlüpft sie bei Sonnenaufgang ins Haus, rennt den Korridor bis zu einem der Schlafzimmer entlang wie ein überdrehter Velociraptor und kuschelt sich schließlich auf die Bettdecke, um sich ein Extraschläfchen zu gönnen.

Penguin hätte in keinem besseren Moment zu uns stoßen können – ich könnte auch sagen, in keinem schlimmeren Moment.

Es gibt Dinge, die ein Kind niemals sehen sollte. Und mitzuerleben, wie sich die eigene Mutter lebensgefährlich verletzt und beinahe stirbt, ist ganz sicher eines davon.

Als Sam nach mehr als einem halben Jahr im Krankenhaus endlich nach Hause kam, war sie vielleicht nicht mehr in unmittelbarer Gefahr, aber die schmerzliche Realität ihrer neuen Lebensumstände wurde uns allen erst jetzt allmählich bewusst.

Der Tag, an dem ich sie zum ersten Mal über die Türschwelle getragen hatte, war einer der glücklichsten in unserem Leben gewesen. Aber wenn ich Sam jetzt vom Auto zur Haustür trug, war das einer der traurigsten Augenblicke, die man sich vorstellen kann.

Von der Brust abwärts gelähmt zu sein, bringt viele Dinge mit sich – und nichts davon ist gut.

Am unmittelbarsten bedeutet es, dass man nicht mehr über seine Beine und seine Unterleibsmuskeln verfügen kann. Man kann sich nicht aufrichten, kann nicht stehen und nicht umhergehen; man kann weder springen noch laufen.

Man fühlt seine Verbindung zur Erde nicht mehr.

Man spürt nicht das kühle, feuchte Gras unter den Zehen oder den heißen Sommersand unter den Füßen. Man wird keine Fußspuren mehr auf ihm zurücklassen.

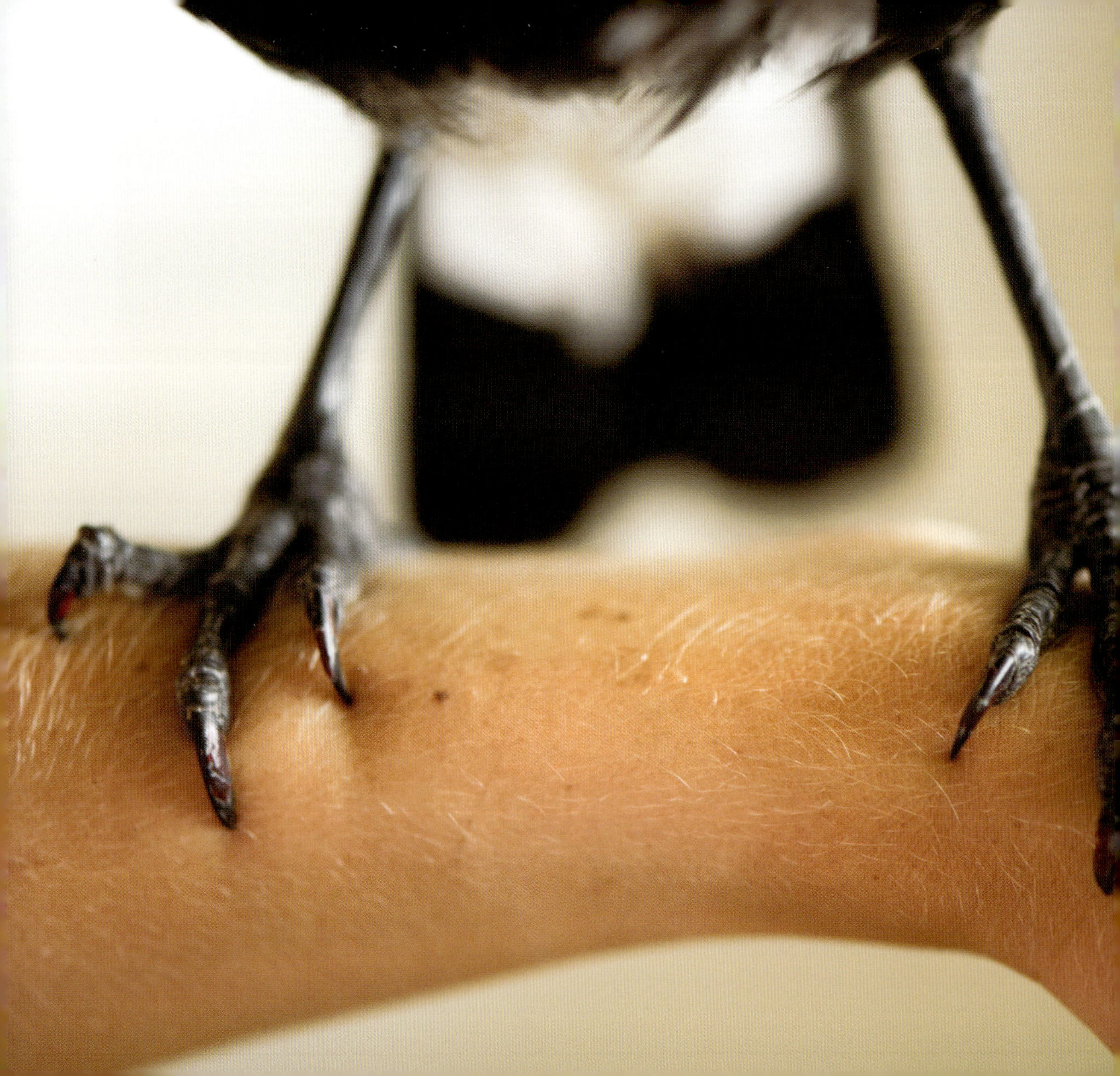

Man spürt nicht mehr den intimen Kontakt zu dem Menschen, den man am meisten liebt.

Dieser Teil unseres Lebens ist vorüber.

An den Rollstuhl gefesselt und mit zwei Metallstäben in der gebrochenen Wirbelsäule, fühlte sich Sam so unbeweglich, dass sie daran zu ersticken glaubte.

Sie konnte sich von ihrem Stuhl nicht hinabbeugen und ebenso wenig aufstehen. Fast alles, was sie haben wollte, und alles, was sie brauchte, lag außerhalb ihrer Reichweite. Wenn sie sich ohne einen Helfer in ihrer Nähe zu sehr nach etwas ausstreckte, riskierte sie zu fallen, sich zu verletzen und eingeklemmt zu werden.

Um irgendwohin zu gelangen oder irgendetwas zu tun, war sie gänzlich auf Räder aus Stahl und Gummi angewiesen und auf die Beine anderer Menschen.

Alleine war sie vollkommen hilflos.

Wenn sie sich mit ihrem Rollstuhl langsam und vorsichtig im Haus bewegte, kam ihr das einstmals so vertraute Terrain plötzlich völlig fremd vor.

Schon das kleinste Hindernis konnte ihr den Weg versperren und ein Gefühl der Isolation und Gefangenschaft in ihr aufsteigen lassen.

Es fühlte sich so unwirklich an.

Wir stellten uns vor, es wäre alles nur ein schlechter Traum.

Am Ende würden wir die Augen aufschlagen, und alles wäre wieder wie vor dem Unfall.

Aber es war kein Traum.

Es traf Sam wie eine Flutwelle.

Diese Welle traf uns alle.

CASIO

Ich will gar nicht erst auflisten, wie viel der Unfall uns kostete oder welchen Preis er für Sam selbst hatte.

Ich spreche nicht von Zeit oder Geld, obgleich die Belastung auch in dieser Hinsicht enorm war. Wir brauchten die großzügige Unterstützung durch Freunde und Angehörige, um weiterhin unsere Aufgaben als Eltern erfüllen und die Kosten tragen zu können, die durch den rollstuhlgerechten Umbau des Hauses entstanden sind.

Ich denke vielmehr an den schrecklichen Preis, den wir alle zu zahlen hatten und Tag für Tag noch immer zahlen – all die großen und kleinen Schwierigkeiten, mit denen niemand hatte rechnen können. Sie zehrten Sams Lebensfreude rasch auf und erschöpften die emotionalen Reserven der Familie.

Es ist ein Märchen, dass Menschen mit einer Rückenmarksverletzung an der Bruchstelle – die bei Sam in Höhe des Herzens liegt – oder in den betroffenen Gliedmaßen keine Schmerzen verspüren.

Sie litt an unvorhersehbaren Schüben unglaublicher Qualen: Phantomschmerzen, die durch ihre ansonsten leblosen Beine und Füße geisterten, plötzliches Stechen entlang der Bruchlinie und das Gefühl brennender Hitze, das sich wie Feuertentakel über den unteren Teil ihres Rückens ausbreitete. Sam musste schreckliche Muskelkrämpfe ertragen; die größtenteils untätigen Muskeln ihres Oberkörpers zogen sich dann heftig zusammen und raubten ihr den Atem. Die Muskeln entlang der Wirbelsäule verkrampften und verdrehten sich auf schmerzhafte Weise, als wollten sie die stählernen Stäbe fortstoßen, die sich in Sams Wirbel gefressen hatten.

Sams Verletzungen sind so schwerwiegend, dass sie sich niemals behaglich fühlen kann, egal in welcher Position und wo sie liegt. Das allein reicht aus, um einen Menschen zur Verzweiflung zu bringen.

Selbst wenn Sam zu Bett geht, bleibt ihr die angenehme Entspannung, die uns ein guter Nachtschlaf gewährt, versagt. Ich helfe ihr dabei, sich bis zum Morgengrauen dreimal auf die andere Seite zu wälzen, um die Blutzirkulation in Gang zu halten und Druckstellen vorzubeugen.

Zusätzlich zum beständigen Kampf mit ihrem Körper belastete es Sam zu sehen, dass sie im Haus und für die Familie viele Dinge nicht mehr tun konnte, die ihr früher selbstverständlich gewesen waren. Kochen, Putzen und zahllose andere häusliche Arbeiten, die wir immer gemeinsam verrichtet hatten und von denen Sam nie gedacht hätte, dass sie sie vermissen würde, waren nun extrem schwierig geworden. Die einfachsten Dinge waren jetzt ohne Hilfe völlig unmöglich – etwa wenn es darum ging, mal schnell in die Läden des Viertels zu flitzen, um ein paar Lebensmittel einzukaufen.

Für sich allein genommen, mögen solche Dinge gar nicht so wichtig scheinen, aber in der Summe waren sie ein nie endendes Gefecht, das Sam nicht gewinnen konnte und als lauter persönliche Niederlagen wahrnahm. Allmählich zerstörten sie ihr Selbstbild als Partnerin und Mutter – und als starke, unabhängige Frau.

OMAS DUX
assion for food

Da Sam permanent therapiert, untersucht oder betreut wurde,
hatte sie überhaupt keine persönliche Rückzugsmöglichkeit mehr.

Jede noch so banale Verrichtung, die zu unserem Menschsein gehört, konnte demütigend sein.

Das allmorgendliche Ankleiden war eine Tortur.

Um alles noch schlimmer zu machen, hatten die verbliebenen Gehirnschäden, obwohl sie relativ gering waren, Sam ihren Geschmackssinn genommen.

Jemandem, für den die Vielfalt der Aromen und epikureische Entdeckungen stets eine Leidenschaft gewesen waren, musste das wie ein sehr schlechter Witz vorkommen.

Noch zynischer war, dass Sams Geruchssinn so eingeschränkt arbeitete, dass sie keinen anderen Geruch als den von Fisch wahrnehmen konnte.

Sogar Sam musste zugeben, dass dies ein exzellenter Stoff für eine makabre Komödie war.

Über eine so absurd grausame Laune des Schicksals zu lachen, machte das tägliche Leben allerdings kein bisschen erfreulicher.

Die Erinnerungen an glücklichere Zeiten waren für Sam alles andere als eine Stütze. Sie türmten sich über der Gegenwart auf und ließen alles, was Sam jetzt tat, klein und erbärmlich aussehen.

Sam fühlte sich wie ein Zuschauer auf den allerbilligsten Plätzen, der das Geschehen von der Seitenlinie aus beobachtet.

Wenn sie andere Menschen sah, die Spaß hatten und denen nichts wehtat, bereitete ihr das keine Freude.

Ganz im Gegenteil.

Obwohl Sam es selten zeigte, erfüllte fast jedes glückliche oder schöne Ding, das sie erblickte, ihr Herz mit Zorn. Ständig haderte sie mit sich – noch wegen der kleinsten Handlungen und Entscheidungen, die sie am Ende in diese elende Lage gebracht hatten.

In dem Maße, wie Sam auf ihr verändertes Aussehen und den Verlust mancher Körperfunktionen fixiert war, verzerrte sich ihre Sichtweise. Sie sah sich selbst als gebrochenen Menschen und als Belastung für die anderen. Wenn jemand eine andere Sicht auf sie hatte, konnte sie das nur schwer akzeptieren.

Solche heftigen Gefühle von Schmerz, Wut und Bedauern kann man unmöglich im Zaum halten. Nach außen zeigte Sam ein mutiges Gesicht, aber im Schlafzimmer oder unter der Dusche, wo niemand ihre Tränen sehen konnte, weinte sie oft vor sich hin.

Der emotionale Abstand zwischen Sam und allen Menschen, die sie liebten, wurde immer größer.

Sie wollte, dass niemand sie in diesem Zustand sah.

Sie wollte, dass niemand sie sah. Punkt.

Endlose Dämmerung senkte sich über unser einst so glückliches Zuhause.

Jeder Tag war wie ein Begräbnis.

Sam starrte in den Abgrund.

Ich weiß nicht, wann sie zum ersten Mal an Selbstmord dachte, aber ich weiß, dass es schon früh war und ihre Gedanken oft darum kreisten. Beinahe ständig.

Sam musste so viele Schmerzen und seelische Qualen ertragen, dass ich ihr deswegen keine Vorwürfe machen kann. Ich verstand, wie gebrochen auch ihr Denken zu dieser Zeit war. Aber wenn sie ihren dunklen Gedanken erlaubt hätte, in eine unwiderrufliche Tat zu münden, hätte das unsere junge Familie zerstört. Die Vorstellung, Sam zu verlieren, konnte ich nicht ertragen.

Ich konnte nichts tun, als ihr immer wieder zu sagen, wie sehr ich sie liebte, wie sehr die Jungs sie liebten, wie sehr wir alle sie brauchten.

Ich wusste, dass ihr Leid groß war, aber ich habe immer geglaubt, ihre Liebe zu uns würde noch größer sein.

Ich sollte recht behalten.

Sam kehrte der Dunkelheit den Rücken. Sie entschied sich für uns.

Nicht weil es ihr an Mut gefehlt hätte, der eigenen Auslöschung ins Auge zu blicken, sondern weil sie den viel größeren Mut hatte, weiterzuleben.

Aufrichtige Selbstlosigkeit und Liebe ist das genaue Gegenteil von Schwäche. Und niemand ist so stark wie meine Sam.

Sie wusste, dass sie einen sehr schweren Weg vor sich hatte und beschritt ihn tapfer.

Sie drückte sich nicht vor der Rehabilitation, so verhasst ihr diese auch war.

Sie kämpfte weiter, Tag für Tag.

Sam versuchte sich mit allen Mitteln davon zu überzeugen, dass ihr Leben noch nicht vorbei war, auch wenn sie tief in sich das Gegenteil fühlte.

Musik zu hören, spendete ihr ein wenig Trost.

the diary of a young girl

Sie genoss auch die kleinen Fluchten, die uns das Lesen schenkt.

Aber wenn sich der eigene Körper nach Linderung der Schmerzen sehnt, kann man nicht unbegrenzt Musik hören oder Bücher lesen.

In unseren vier Wänden mangelte es sicher nicht an Mitgefühl.

Aber der Kampf, den Sam führte, um mit ihrer Behinderung fertigzuwerden, spielte sich auf einer Ebene ab, die wir weder erreichen noch begreifen konnten.

Sie wollte unser Mitleid nicht. Sie wollte nicht verhätschelt werden. Sie wollte von niemandem platte Worte hören und keine Gesten des Erbarmens sehen. Sie wollte einfach nur ihr früheres Leben zurück.

Und diese Idee, dieses in den Eingeweiden nagende und die Seele zermarternde Gefühl, dass einem das Leben gestohlen worden ist, kann man nur verstehen, wenn man so etwas selbst erlebt hat.

Alle schrecklichen Dinge, die man in seinem bisherigen Dasein durchgemacht hat, verblassen im Vergleich dazu oder werden schlichtweg lächerlich. Man weiß nicht einmal mehr, wo man ansetzen soll. Ich jedenfalls wusste es nicht.

Ich kann nur sagen, dass wir nie aufgegeben haben.

Wir bemühten uns einfach immer wieder, Sam zu erreichen.

Wir taten, was wir konnten, um die emotionale Kluft zwischen uns zu überbrücken.

Wir versuchten, die richtige Balance zu finden: Wir mussten Sam Freiräume gewähren, aber auch in ihrer Nähe sein, wann immer sie uns brauchte.

Wir warteten, bis sie uns näher heranließ.

Wir warteten, bis sie bereit war zu sprechen.

Es fiel Sam äußerst schwer, über ihre Ängste und Zweifel, mit denen sie zu leben gezwungen war, zu sprechen. Und wenn sie uns dann etwas sagte, hatten wir dem so gut wie nichts entgegenzusetzen – außer der Zusicherung, dass wir sie liebten, dass wir sie immer lieben würden und alles in unserer Macht Stehende versuchen wollten, um ihr zu helfen.

Bestenfalls konnten wir ihr sagen, dass die Zukunft nicht so trostlos sein würde, wie sie es sich jetzt ausmalte. Dass es bald besser aussehen würde. Das traf zwar sicher zu und war eine vage Ermutigung, aber es war wie mit allen Binsenweisheiten: Es reichte nicht im mindesten, um jemanden innerlich aufzurichten.

Uns fehlten einfach die Worte.

Und an diesem Punkt hatte Penguin ihren großen Auftritt. Sie war unsere furchtlose Liebesbotschafterin und leitende Motivationsbeauftragte.

Wenn es um das Wohlbefinden ihrer Familie ging, war Penguin so zärtlich wie eine Flaumfeder –

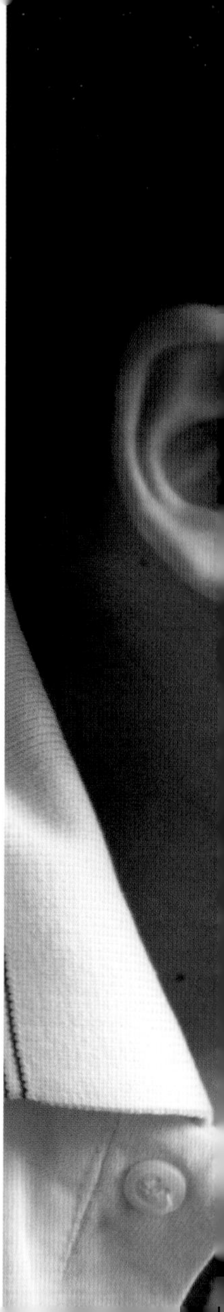

– und so subtil wie ein schwarzweißer Zaunpfahl.

Penguin und Sam wurden unzertrennlich. Immer schaute einer nach dem anderen.

War Penguin schwach und kränklich, pflegte Sam sie liebevoll, bis sie wieder gesund war.

Und wenn es Sam schwerfiel, in Schwung zu kommen, zwitscherte ihr Penguin neue Kraft zu.

Wenn Sam im Haus war, Papierkram erledigte oder etwas in ihr persönliches Tagebuch eintrug, saß Penguin an ihrer Seite.

Wenn Sam draußen war, um zu malen und den Sonnenschein zu genießen, war Penguin auch mit dabei.

Penguin war nicht nur mit von der Partie, wenn es um Spaß und neue Abenteuer ging. Sie war Sams treue Begleiterin und steuerte ermutigendes Gezwitscher bei, wenn etwas schwieriger war als gedacht.

In schweren Momenten, wenn Sam direkt mit ihrer Behinderung konfrontiert war, achtete Penguin darauf, dass ihr stets die bestmögliche Pflege zuteilwurde.

In Australien macht man keinen großen Wirbel um seine Probleme, und vielleicht spielte auch eine Rolle, dass Sam selbst viele Jahre als Krankenschwester gearbeitet hatte – jedenfalls war sie als Patientin lammfromm und höflich. Sie sagte keinen Ton, wenn sie mehr Schmerzmittel oder etwas anderes brauchte, und hielt unglaublich viel aus, ohne zu klagen.

Penguin hatte keine Probleme damit, für Sam die Stimme zu erheben. Damit half ihr dieser tapfere Vogel zu begreifen, dass ihre Bedürfnisse zählten, dass sie als Person zählte und genauso viel Respekt verdiente wie jeder andere auch.

Als sich Sam mit ihrer seltsamen neuen Welt allmählich arrangierte, tat Penguin das Gleiche. Der Vogel war immer fröhlich, immer vorurteilsfrei, immer zur Stelle.

Waren Training und Physiotherapie für diesen Tag geschafft oder die Schmerzen zu groß geworden, um weiterzumachen, lagen sie oft draußen unter freiem Himmel.

Wenn ich lauschte, vernahm ich etwas von ihrem langen und eingehenden Gespräch über das, was sie gerade durchlebten.

Manchmal sprach Sam in sanftem Ton mit Penguin, manchmal sang Penguin etwas für Sam, und manchmal gaben sie beide stundenlang keinen Laut von sich.

Am Ende war ich sicher, dass jeder genau wusste, was der andere fühlte.

Ihre wunderbare Beziehung könnte man als ungewöhnliche Freundschaft bezeichnen, aber es war mehr als das.

Es war ein wenig wie mit Mutter und Tochter, ein wenig wie mit Krankenschwester und Patient.

Und es waren auch zwei schwesterliche Seelen, stark, aber zerbrechlich, und vereint durch ein einziges Wort: aufwärts.

Sam wollte aufrecht sitzen und auf eigenen Beinen stehen, und Penguin wollte fliegen können – hoch über die Bäume hinweg, den Wolken entgegen.

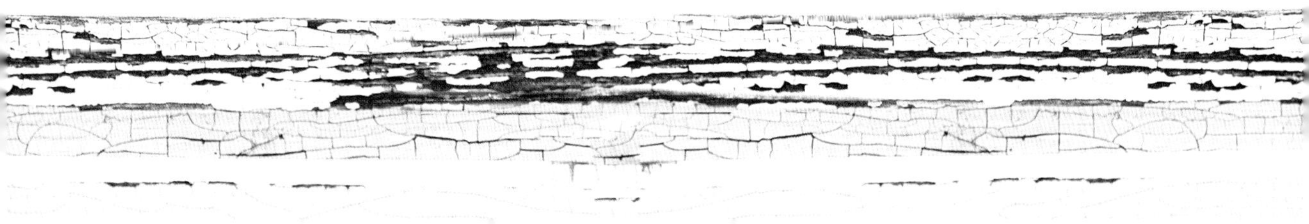

Sam arbeitete unglaublich hart daran, ihre Kräfte und ihr Durchhaltevermögen zu steigern, um so viel Unabhängigkeit wie möglich wiederzuerlangen.

Tag für Tag schwitzte sie an Fitnessgeräten und mit Boxhandschuhen ihre Dämonen aus oder fuhr stundenlang mit ihrem Kajak – oftmals so lange, bis sie Blasen und blutende Stellen an den Händen hatte.

Sie wollte einfach nicht aufgeben.

Als es mit ihrem Training voranging, sah sie endlich einen Lichtschimmer am Horizont, und mit der Zeit eröffneten sich ihr Perspektiven.

Kleine Siege führten zu großeren Siegen.

Neue Herausforderungen wurden zu neuen Chancen.

Sam war sehr dankbar für all die Hilfe, die sie bekommen hatte, aber nun war sie nicht mehr von anderen abhängig, um am Leben zu bleiben.

Sie war bereit, ein Leben zu ihren eigenen Bedingungen zu beginnen.

Es gab nun viel weniger Tränen unter der Dusche, und im Haus war viel häufiger Lachen zu hören.

Zurückzukehren zu dem, der man einmal gewesen ist, und dabei zu erkennen, wer man wirklich sein könnte – das kann eine sehr schwierige Reise sein.

Genau eine solche Reise unternahmen wir gemeinsam einen Tag vor Weihnachten, als ich Sam damit überraschte, sie zu einem ganz besonderen Ort zu bringen. Sie hatte geglaubt, ihn nie wiederzusehen: einen Felsvorsprung unter dem historischen Leuchtturm von Barrenjoey. Sam und ich waren oft dorthin gegangen, wenn wir den Kopf frei bekommen wollten. Wenn wir dann nach Hause zurückkehrten, fühlten wir uns wie neugeboren, und so war diese Felsplattform in vielerlei Hinsicht ein spiritueller Zufluchtsort für uns.

Das Problem bestand darin, dass man, um auf Sams Felsen zu gelangen, einen steilen, unebenen, verschlungenen Pfad entlangkraxeln musste, der etwa hundert Höhenmeter fast senkrecht hinaufführt. Also baute ich aus Bambusstäben und Sofakissen einen stabilen Tragesessel, und ein paar unserer engsten und sportlichsten Freunde halfen mir dabei, Sam nach oben zu bringen.

Als wir zum Horizont blickten, wussten wir, dass das Erreichen dieses Felsens ein Symbol für unsere gemeinsamen Hoffnungen und Träume, aber auch für unsere Ängste war.

Unser Leben würde künftig anders sein. Es würde nicht einfach werden, und wir würden auch weiterhin die Unterstützung unserer Liebsten brauchen, aber zusammen konnten wir überallhin kommen und alles bewältigen.

Weil wir daran denken mussten, welche unglaublich harte Zeit Sam durchgemacht hatte und wie viele Herausforderungen noch vor uns lagen, war dieser Moment der Freude ein ziemlich stiller. Und trotzdem war es ein echtes Fest. Unsere Tränen waren Freudentränen.

Bald darauf kam Penguins großer Augenblick.

Bei allem Respekt für die Gebrüder Wright und ihren historischen Jungfernflug in North Carolina im Jahre 1903 – für Familie Bloom fand der bedeutsamste erste Flug aller Zeiten in ihrem Wohnzimmer statt.

Unser Geist schwang sich auf Penguins schwarz-weißen Flügeln mit empor.

Es war ein Augenblick reiner Freude.

Zumindest ein Mitglied der Familie Bloom hatte die Schwerkraft bezwungen.

Penguin aufzuziehen, hat unsere Sicht auf das Leben, die Liebe und so ziemlich alles andere verändert. Penguin hat völlig neu definiert, was Familie bedeutet.

Zu Beginn dachten wir, wir würden Penguin retten, aber nun wissen wir, dass uns dieser bemerkenswerte kleine Vogel stärker gemacht hat. Er hat uns als Familie enger zusammengeführt und uns in schwierigen Zeiten unzählige Male Anlass für ein Lächeln und zum Lachen gegeben. So hat er dazu beigetragen, dass es uns besser ging, und das körperlich wie seelisch.

Und so hat Penguin uns tatsächlich gerettet.

Es war ein außerordentliches Privileg, Anteil an Penguins Leben zu nehmen und sie auf ihrer Reise zu begleiten.

Unterwegs haben wir alle so viel von ihr gelernt.

Wenn man sie heute sieht mit ihren leuchtenden Augen, den kräftigen Flügeln und dem schimmernden Federkleid, kann man sich kaum noch vorstellen, wie schwach, zerschlagen und todgeweiht sie war, als wir sie fanden.

Heute ist sie ein vollkommen anderer Vogel.

Penguins Verwandlung erinnert uns täglich daran, dass wir nicht unsere Vergangenheit sind, egal wie traumatisch oder lebensverändernd diese gewesen sein mag.

Wir müssen keine Übermenschen sein, um schlechte Zeiten zu überstehen, und niemand kann immer gut drauf sein. Aber auch wenn die Dinge ganz schlecht aussehen, können wir immer noch positiv in die Zukunft blicken. Optimismus ist eine Wahlmöglichkeit, die wir haben, wenn wir kreativ sind und selbst die Initiative ergreifen.

Was wir brauchen, um den Durchbruch zu schaffen, liegt womöglich viel näher, als wir denken.

Damit sich die Dinge zum Guten wenden, müssen wir zunächst einmal Vertrauen in unsere eigene Geschichte haben und nach Wegen suchen, uns selbst und anderen Freude zu bereiten.

Penguin zeigte uns immer wieder, wie viel es schon ausmachen kann, unserer Familie und unseren Freunden einen Grund zum Lächeln zu geben, sobald sie uns sehen.

Sie zeigte uns auch, was es heißt, wirklich da zu sein.

Es ist nichts Schlimmes daran, wenn wir uns aller Dinge erfreuen, die unsere moderne Welt zu bieten hat, aber wir dürfen nie zulassen, dass uns die Technik von denen, die wir lieben, fernhält.

Penguin erinnert uns ständig daran, dass wir alle ein Teil der Natur sind. Und je inniger wir mit der Natur verbunden sind, desto glücklicher fühlen wir uns.

Jeden Morgen wacht Penguin in der Überzeugung auf, dass ihr die ganze Welt offen steht, damit sie sie in vollen Zügen genießt. Was, glaube ich, auch stimmt.

Eine solche Haltung plus ein sauberes und gut gepflegtes Federkleid – das ist ihr Geheimnis, mit dem sie es schafft, sich hoch über alles aufzuschwingen.

Nachdem ich Penguin in meinen Händen gewiegt und Sam in meinen Armen gehalten habe, kann ich sagen, dass jede Nervenzelle, jedes Blutgefäß, jedes Atom unseres Seins etwas Kostbares ist.

Aber wir alle sind so viel mehr als die Summe unserer zerbrechlichen Einzelteile.

Wir sind all unsere Reisen, Hoffnungen und Träume, in einer Hülle aus vergänglichem Packpapier.

Man hat mir häufig gesagt, das Leben sei kurz – aber bis zu dem Unglück konnte ich mit diesen Worten wenig anfangen.

Jetzt ist mir klar, wie oft wir sowohl Sam als auch Penguin hätten verlieren können.

Einfach so.

Ihre warme und lebendige Gegenwart ruft mir deutlich ins Bewusstsein, dass jeder Augenblick zählt.

Und so soll unsere Geschichte Sie dazu ermutigen, alles zu sagen, was Sie sagen wollen.

Lassen Sie Ihr Herz sprechen.

Tun Sie alles, was Sie sich wünschen – verschwenden Sie nicht eine Sekunde. Tauchen Sie so oft wie möglich in die Schönheit dieser Welt ein.

Sam und ich haben schon immer geglaubt, dass Liebe, Zusammengehörigkeit und Entdeckungsgeist Schlüssel für ein gelingendes Leben sind. Penguin hat uns bewiesen, dass wir damit absolut richtig lagen.

Am wichtigsten war jedoch, dass Penguin uns eins gelehrt hat: Wenn wir uns selbst besser fühlen wollen, gelingt uns das am einfachsten und besten, indem wir anderen Menschen helfen, sich besser zu fühlen.

Dieser kleine Vogel zeigte uns, dass es in der Welt viel mehr Liebe gibt, als wir uns hätten vorstellen können.

Egal wie schlimm es stehen mag: Mitgefühl, Freundschaft und Hilfe kommen manchmal aus völlig unerwarteter Richtung.

Und wie verloren, einsam, besiegt oder verletzt wir uns auch immer fühlen mögen – wenn wir die Liebe der anderen annehmen und auch sie so sehr lieben, wie es uns möglich ist, wird das helfen, uns wieder ganz werden zu lassen.

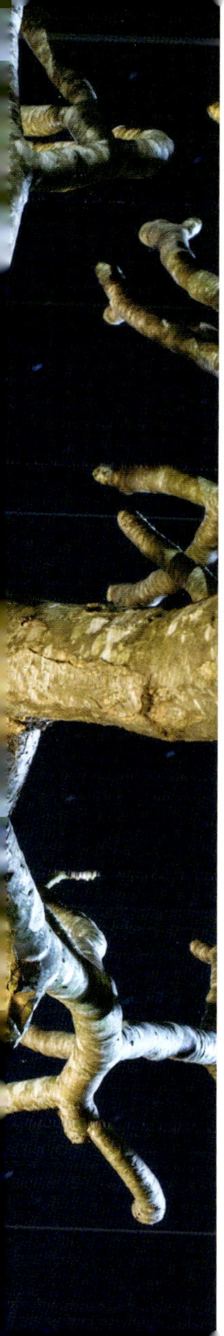

Ich rede hier nicht von Wundern. Mein ganzes Leben lang habe ich versucht, das Außergewöhnliche mit einer Kristalllinse einzufangen, und noch immer habe ich nichts gesehen, das mir helfen würde, das Warum zu begreifen. Es ging immer nur darum, ob, wann, wo und auf welch schöne oder grausame Weise sich unser Schicksal erfüllt.

Ganz sicher ist es mir nicht gegeben, das Unerkennbare zu erkennen, und ohnehin würde ich mich eher für Liebe entscheiden als für Seelenfrieden.

Und ich trage Liebe in mir.

So viel Liebe, wie ein Mensch erfahren kann.

Für mich wird Sams Unfall niemals irgendeinem göttlichen Plan entsprungen sein; ihr Leid ist zu groß, als dass ich solche Dinge glauben könnte.

Aber dass sie überlebte, wo so viele andere vielleicht gestorben wären, und dass Penguin vom Himmel fiel, als wir sie am meisten brauchten –, selbst wenn das keine Wunder gewesen sein sollten, sagt mir mein Herz, dass unsere Familie immer noch über alle Maßen gesegnet ist.

Ich bin unendlich dankbar für unsere drei mutigen und wundervollen Jungs. Als Brüder von Geburt und Freunde aus eigener Entscheidung ließen sie angesichts aller Tragödien und Wirrungen nicht zu, dass Groll und Verbitterung sie voneinander entfernte. Stattdessen hielten sie zusammen und zeigten Freundlichkeit und Mitgefühl.

Sie werden nie ermessen können, wie wichtig ihre Liebe und ihr Mut für ihre Mutter und mich waren und wie viel Kraft sie uns gaben, wenn wir allein nicht mehr weiterwussten.

Ich bin so dankbar für die bemerkenswerte Frau, die ich *meine* Frau nennen darf.

Sams Stärke ist das Fundament, auf dem unser Zuhause errichtet ist.

Darüber hinaus ist sie das schönste menschliche Wesen, dem ich je begegnet bin.

Ihre natürliche Anmut, ihr Sinn für Humor, ihre Bescheidenheit und heroische Entschlusskraft verändern jeden, dem sie begegnet, zum Guten.

Und mich ganz besonders.

Ich bin unglaublich stolz auf unsere Familie und warte gespannt darauf, was die Zukunft für uns bereithält.

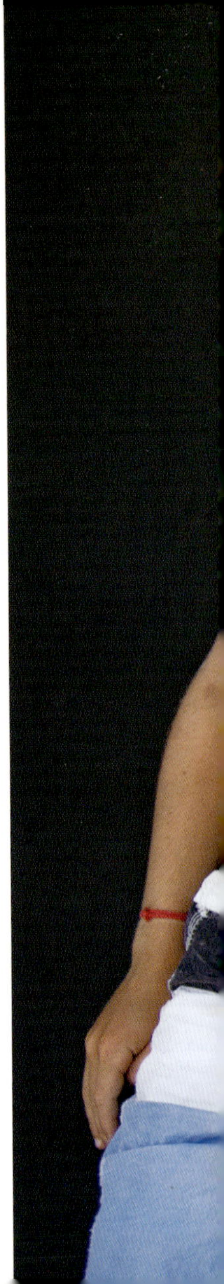

Und ich danke Gott für diesen verrückten kleinen Vogel.

Wie ich schon sagte – Engel gibt es in allen Formen und Größen.

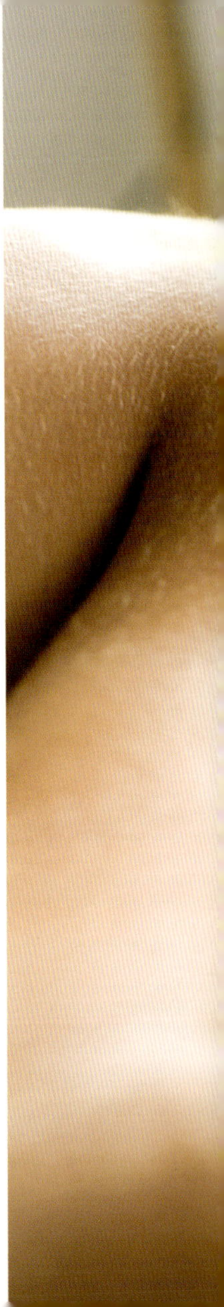

Epilog

In den letzten beiden Jahren ist Penguin zu einer unabhängigen jungen Lady herangewachsen. Ihre schimmernden Federn und ihr glänzender Schnabel haben zwar schon einigen stattlichen Elstermännchen den Kopf verdreht, aber ich glaube nicht, dass sie schon bereit ist, einen Hausstand zu gründen.

Wir lieben ihren fröhlichen Gesang, wann immer sie uns einen Kurzbesuch abstattet – sie hüpft in die Küche, ins Wohnzimmer, Bad oder Schlafzimmer, als wäre sie die Herrin im Haus. Inzwischen aber verbringt sie auch immer mehr Zeit auswärts, sie findet neue Gefährten und erkundet ihr eigenes Territorium.

Penguin ist wirklich ein stadtbekanntes Partygirl geworden, und manchmal überrascht sie die Bewohner von Newport Beach damit, dass sie sie mit einem vergnügt geflöteten Hallo begrüßt, wenn sie auf der Terrasse ihren Kaffee genießen, im Zeitungsladen ein Magazin kaufen oder Sachen von der chemischen Reinigung abholen. Die Welt ist ihr Regenwurm.

Einmal erhielt ich einen etwas hektischen Anruf von einem Erzieher im nahe gelegenen Kindergarten, den unsere drei Jungs einst besucht hatten. Er teilte mir mit, dass Penguin hereingeflattert war, um den Kindern äußerst großzügig beim Leeren ihrer Brotbüchsen zu helfen. Ich solle bitte schnellstmöglich vorbeikommen und sie abholen. Unser frecher Vogel war entzückt, als ich auftauchte, aber auch ein wenig verwirrt, als er merkte, dass wir nicht bleiben würden, um das wunderbare Festmahl zu genießen, das ihm von kleinen rosigen Fingern bereitet worden war, die ganz ähnlich aussahen wie die, mit denen er aufgewachsen war.

Es war eine Freude, Penguin dabei zuzuschauen, wie sie flügge wurde, ihre Verletzungen überwand und schließlich mit so großartigem Selbstvertrauen losflog. Am schönsten allerdings war es, mitzuerleben, zu was für einem Vogel sie wurde. Sie macht nichts halbherzig, immer taucht sie voll ins Geschehen ein. Sie ist klug, stark, unverwüstlich und keck. Und außerdem spitzbübisch, neugierig und sehr komisch.

Unser kleines Vogelmädchen sucht niemals nach dem Schlechten in einem Menschen; sie ist fast immer beschwingt und weiß gut, wie sie sich eine Freude machen kann. Obwohl sie von Natur aus Jägerin ist und mit der Grausamkeit der Wildnis vertraut, heißt sie jeden als Freund willkommen.

Penguin ist auch mitfühlend und überraschend behutsam, wovon wir uns überzeugen konnten, als sie uns bei der Pflege anderer verwaister Vogelbabys half. Darunter war ein winziges Allfarblori-Küken, kaum größer als ein Salzstreuer, aber so aufgeweckt, wie man es sich nur vorstellen kann.

Sam und ich glauben, dass Penguin eines Tages eine wunderbare Mutter sein wird, aber erst einmal sind wir dankbar dafür, dass sie jetzt glücklich, gesund und frei ist.

Den endlosen blauen Himmel haben nicht wir ihr geschenkt, er gehört ihr von Geburt an.

Wohin es Penguin auch verschlagen mag – sie wird immer ein Teil von uns bleiben.

Ein persönlicher Brief von Sam Bloom

Wenn Sie oder ein Ihnen nahe stehender Mensch von einer schwerwiegenden Rückenmarksverletzung oder Lähmung betroffen sind, sollten Sie bitte wissen, dass ich bei allem, was ich Ihnen nun schreiben möchte, brutal ehrlich sein werde. Sie haben es verdient, die Wahrheit zu erfahren, und ich verspreche Ihnen nichts anderes. Ich kann nicht so tun, als wäre ich glücklich damit, wie die Dinge gelaufen sind. Ich bin es keinesfalls. Aber das bedeutet nicht, dass ich kein glücklicher Mensch bin oder dass ich mich nicht freuen würde, noch am Leben zu sein. Seit meinem Unfall haben mir sehr viele Dinge Vergnügen bereitet, und ich glaube, dass bessere Tage vor mir liegen. Trotzdem möchte ich das, was geschehen ist und immer noch eine große und schreckliche Belastung darstellt, nicht schönfärben.

Ohne die Liebe und Unterstützung meines Mannes, unserer Kinder, unserer engsten Angehörigen und besten Freunde (besonders Penguin) wäre ich vielleicht nicht mehr hier, und auf jeden Fall würde es mir nicht so gut gehen. Worte können nicht ausdrücken, wie dankbar ich ihnen für ihre Liebe bin und wie sehr ich diese Liebe erwidere.

Mein Unfall hat mein ganzes Leben in ein scharfes Licht gerückt. Mir ist klar geworden, dass niemand je etwas wirklich Verletzendes zu mir gesagt hatte, bis ich mitgeteilt bekam, dass ich nie wieder würde gehen können. Zumindest in dieser Hinsicht hatte ich also großes Glück gehabt. Wegen meiner Kopfverletzung habe ich glücklicherweise auch keinerlei Erinnerungen an meinen Sturz und die unmittelbar darauffolgenden Szenen zurückbehalten. So brauchte ich dieses Grauen nicht wieder und wieder zu durchleben.

Durch meine Behinderung habe ich ein Ausmaß von Leid kennengelernt, das mir bisher unbekannt gewesen war. Diese Erfahrung wünsche ich niemandem, aber sie hat mir vor Augen geführt, wie existenziell wichtig

Mitgefühl in unserer Welt ist. Auf eine seltsame Weise hat mir mein Unfall bewusst gemacht, wie viel Glück ich eigentlich habe – er hat mir die Chance gegeben, in meinem Mann und unseren Kindern das Beste zu sehen, sogar als ich auf meinem Tiefpunkt war. Dies sind wunderbare Einsichten, für die ich dankbar bin, obgleich sie so teuer erkauft wurden.

Gelähmt zu sein, ist ein bisschen, als wenn Sie aus einem Koma erwachen und feststellen, dass Sie plötzlich 120 Jahre alt sind. Ihre Familie und Ihre Freunde erwarten, dass Sie froh sind, noch am Leben zu sein, aber alles, was Sie tun, läuft sehr langsam ab und bereitet Ihnen große Schmerzen. Vieles von dem, was Ihnen früher am meisten Spaß gemacht hat, und alles, was Ihnen das Gefühl gab, wirklich lebendig zu sein, ist jetzt unmöglich geworden. Wenn ich tatsächlich 120 Jahre alt wäre, könnte ich mich vielleicht auf ein Leben voller glücklicher Erinnerungen stützen, aber ich bin jung und hatte allen Grund zu glauben, dass das Abenteuer meines Lebens noch zum Großteil vor mir lag. Es gibt so vieles, was ich gern tun würde, so viele Pläne und Träume, die jetzt in Scherben vor meinen Füßen liegen. Vor meinen tauben und nutzlosen Füßen.

Querschnittsgelähmt zu sein, ist kein unerwartetes Geschenk; die neuen Sichtweisen, die es mir bescherte, haben mit einem großen spirituellen Erwachen nichts zu tun, und ich nehme auch nicht wahr, dass mich diese Erfahrung zu einem besseren Menschen gemacht oder mir ein neues Lebensziel gegeben hätte. Es gab viele Augenblicke, in denen ich wegen dieses bizarren Unfalls eine derartige Bitterkeit verspürte, dass ich in die Wüste verschwinden und mir die Lungen aus dem Hals schreien wollte. Inzwischen habe ich längst nicht mehr so viele finstere Momente, und doch gibt es sie noch.

Wenn ein Leser dieser Zeilen gerade eine so albtraumhafte Genesung und Rehabilitation begonnen hat, wie ich sie durchgemacht habe, weiß ich gut, dass ich ihm nur wenig sagen kann, was ihm in dieser Situation etwas bedeuten wird. Als ich lernte, meine Beine hochzuhieven, um zum ersten Mal von meinem Krankenhausbett in einen Rollstuhl zu kommen, war ich angewidert davon, wie leblos sich mein eigenes Fleisch anfühlte – es war, als ob man mit rohem Schweinefleisch hantierte. Ich war damals derart angefüllt mit Abscheu, Empörung und Bedauern, dass in den Monaten nach dem Unfall kaum etwas Positives zu mir durchdrang. Ich war vollkommen sicher, dass ich nie wieder lächeln oder lachen würde, aber zum Glück habe ich mich geirrt.

Ich will nicht so tun, als wüsste ich alles über Rückenmarksverletzungen, und ich schätze, dass jeder Fall für sich einzigartig ist. Aber eines kann ich Ihnen sagen: Die eiskalte Angst in Ihrem Herzen, dass Sie nun für immer ein seltsamer Krüppel sein werden, dass die beste Zeit Ihres Lebens vorbei und Ihr wahres Ich für immer verschwunden ist – all dies ist normal. Sogar die Selbstmordgedanken und der Wunsch, tot zu sein.

Lange Zeit empfand ich einen irrationalen Hass auf so ziemlich jeden und alles, was irgendwie mit meiner Behinderung zusammenhing. Ich war wütend auf ganz Thailand, und zwar so sehr, dass ich nicht einmal mehr das rote Rindfleischcurry von unserem Thai-Imbiss herunterbekam. Dabei war es früher eines meiner Lieblingsgerichte gewesen. Ich weiß, das hört sich verrückt an – aber Schmerz, Reue, Kummer und Frustration machen tatsächlich ein bisschen verrückt.

Es wird auch eine Phase geben, in der fast alles, was jemand sagt oder tut, Sie unglaublich traurig oder wütend machen wird oder auch beides zusammen. Eine Weile war ich krankhaft eifersüchtig auf jeden, der weiterhin ein normales Leben führen konnte. Wenn ich junge Frauen mit Surfbrettern unterm Arm zum Strand laufen sah, war ich nur noch eine Pfütze aus wütenden Tränen. Ich wusste zwar, dass das keinen Sinn hatte und alles andere als gesund war, aber ich konnte dieses Gefühl einfach nicht abstellen.

Es kann hilfreich sein, mit jemandem über diese Gefühle zu reden, wenn Sie sich dazu durchringen können. Obwohl ich nach einem Glas Wein ganz gesprächig werden kann, bin ich von Natur aus sehr still, und so fand ich heraus, dass das Führen eines persönlichen Tagebuchs, in dem ich meine Hochs und Tiefs verzeichnete, für mich ein guter Weg war, um die Dinge richtig einzuordnen und meine negativen Gefühle zu analysieren. Aber obgleich das hilfreich war, entdeckte ich auch, dass es nichts Besseres gibt, als die Dinge wirklich auszusprechen. Sobald man die eigenen Ängste und den Zorn in Worte fasst, verlieren sie ihre schreckliche Macht.

In dieser Hinsicht war Penguin für mich ein wunderbares Gegenüber. Penguin hörte stets aufmerksam zu, ohne sichtbar erschüttert zu sein, und gab niemals aus Versehen eine unbedachte Antwort. Meine Flüche haben vielleicht die Engel erröten lassen, aber nun war ich dazu imstande, all meinen Frustrationen Luft zu machen und die bösartigen und hässlichen Dinge, die mich zerfraßen, auszuspeien. Ich wusste, dass ich dabei niemandem schadete. Dass ich die emotionalen Giftstoffe aus mir herausspülte, half mir dabei, mich besser zu fühlen, und versetzte mich in eine viel positivere Grundstimmung im Umgang mit den vielen wunderbaren Menschen, die ihr Bestes taten, um mir zu helfen.

Natürlich hat nicht jeder einen Vogel wie Penguin, und man kann einem Menschen, der nicht erlebt hat, was Sie und ich jetzt aushalten müssen, die Dinge nur bis zu einem gewissen Punkt mitteilen. Viele intelligente und mitfühlende Menschen, die man liebt und bewundert, haben keine Vorstellung davon, was es bedeutet, gelähmt zu sein – sie nehmen an, dass es irgendwie auch bequem sein muss, im Rollstuhl zu sitzen. Sie können die ständigen Schmerzen nicht begreifen, die Hoffnungslosigkeit und die Demütigung, die jeden Tag, jede Stunde und jede Minute Realität sind. Das kann ihnen niemand verübeln, es ist nicht ihre Schuld – denn niemand spricht über solche Dinge.

Es ist in Ihrem ureigenen Interesse, die beste medizinische Beratung in Anspruch zu nehmen und den Empfehlungen zu folgen. Aber das reicht nicht aus. Der Umfang und das Tempo Ihrer Genesung liegen voll und ganz in Ihrer Verantwortung. Sie müssen Ihre Krankheit aus eigener Kraft herausfordern, und je härter Sie daran arbeiten, desto besser werden Sie sich fühlen. Es gibt kein Allheilmittel, keine Wunder und keine Abkürzung auf diesem Weg.

Trotz der verheerenden körperlichen Folgen unserer Verletzung spielt sich die schwierigste Schlacht in unseren Köpfen ab. Wenn es darum geht, nach einer Rückenmarksschädigung wieder Fortschritte zu machen, haben meiner Ansicht nach 80 Prozent mit dem Mentalen zu tun und nur 20 Prozent mit dem Körper. Alles, was Sie tun können, um Ihre Einstellung zu verbessern, kann Ihnen dabei helfen, mehr zu sein als ein Trauerkloß, der in einem Rollstuhl durch die Gegend fährt. Umgekehrt kann alles, was Sie mental bremst, Ihre Fortschritte schnell stoppen und Sie sogar zurückwerfen.

Ein paar fundamentale Dinge haben mir, als ich das Krankenhaus verließ, am meisten geholfen. Das Wichtigste ist ein enger Kreis an Vertrauten. Ich meine damit die nächsten Angehörigen und enge Freunde. Bei mir waren das nur mein Mann, unsere Kinder, meine Mutter und meine Schwester. Nicht mehr. Mit der Zeit kamen einige enge Freunde dazu, aber ich hielt diesen inneren Kreis immer klein.

Es klingt vielleicht widersprüchlich, schließlich braucht man ja alle erdenkliche Unterstützung – aber fühlen Sie sich nicht verpflichtet, all ihre Freunde und Bekannten hinzuzuziehen, während Sie durch die Frühphase Ihrer Genesung steuern. Wenn Sie nicht aufpassen, trampelt womöglich eine Herde mitleidiger trüber Tassen auf Ihnen herum. Besser Abstand halten bei Leuten, die meinen, dass es ihr Job sei, Sie mit faden Worten aufzumuntern, und die Ihnen ständig versichern, was für ein »inspirierendes Vorbild« Sie doch seien. Das treibt einen in kürzester Zeit in den Wahnsinn und lässt einen erschöpft, wütend und abgekapselt zurück.

Sagen Sie Ihren Freunden, dass Sie dankbar für ihre Freundlichkeit sind, aber dass Sie im Moment persönlichen Freiraum brauchen, um sich darauf zu konzentrieren, mit Ihrem neuen Leben klarzukommen. Sollten sie darauf bestehen, Ihnen helfen zu wollen, dann geben Sie ihnen einfache Aufgaben: die Einkäufe nach Hause bringen, die Kinder zum Fußballtraining fahren, einen Auflauf backen – irgendetwas Praktisches, das das Familienleben ein wenig erleichtert und dabei hilft, die Verbindung zu den Menschen, die Ihnen wichtig sind, aufrechtzuerhalten, ohne dass Sie dabei Ihre Energiereserven erschöpfen. Wenn die Zeit dafür gekommen ist, werden Sie auch wieder bereit sein, an Ihre früheren Beziehungen zu engen Freunden anzuknüpfen. Jeder wahre Freund wird das verstehen und respektieren.

Zu den schwierigsten Dingen, die ich zu bewältigen hatte, gehörten meine heftigen Schamgefühle. Es mag lächerlich klingen, aber es war so. Ich hasste es, so seltsam auszusehen, hasste es, mich nicht mehr wie früher anziehen zu können, hasste die Vorstellung, was alte Freunde über mich denken mochten, dass sie mich bemitleideten oder mit der Person verglichen, die ich früher war. Es gab Momente, in denen ich mich so sehr vor mir selbst ekelte, als wäre ich der leibhaftige Tod. Da ich beim Wasserlassen nichts mehr spürte und dazu noch meinen Geruchssinn verloren hatte, fürchtete ich auch ständig, ich könnte unbemerkt eingenässt haben.

Zu Beginn fand ich es viel einfacher, mir neue Freunde zu suchen oder unter völlig Fremden zu sein – Menschen, die mich nur so kannten wie jetzt, nicht als die, die ich einmal war. Das klingt vielleicht feige, für mich aber zeigt es unser grundlegendes Bedürfnis, ganz normal behandelt zu werden. Sogar manche Freunde, die es gut meinen, können nicht anders, als einen anzuschauen, als wäre man ein krankes Kind, das unbedingt einen Babysitter braucht. Außerdem können sie der Versuchung nicht widerstehen, uns mit gemeinsamen Erlebnissen aus der guten alten Zeit vor dem Unfall aufzuheitern, was einen total aus der Fassung bringen kann.

Es passiert schnell, dass man sich zurückzieht, wenn man Schmerzen leidet; das Selbstwertgefühl ist erschüttert und die Mobilität beinahe auf null reduziert. Aber obwohl ich mehr persönlichen Freiraum benötigte, als die meisten sich vorstellen konnten, lernte ich auch, dass man das Haus verlassen und unter Leuten sein muss, um sich glücklich zu fühlen und wirkliche Fortschritte zu machen. Um zu einem selbstbezogenen Langweiler zu werden, muss man sicher nicht gelähmt sein, aber es erleichtert die Sache ungemein. Obwohl es nun viel schwieriger ist, auszugehen und interessante Dinge zu erleben, hätte ich damit doch früher wieder beginnen sollen.

Im Rückblick fällt mir auf, dass es mir ungefähr zwei Jahre nach meinem Unfall wieder leichter fiel, mit anderen zusammen zu sein. Das war kein Zufall. Inzwischen betrieb ich mit großem Engagement Kajakfahren als Wettkampfsport und hatte wieder etwas, das mich stimulierte und auf das ich mich freute. Obwohl es mir damals nicht bewusst war, gab mir das

Kajakfahren viel von meinem Selbstvertrauen zurück. Und dadurch hatte ich auch wieder neue und lustige Dinge zu erzählen. Davon wiederum blühten meine sozialen Kontakte auf, und der Kreis meiner Freunde erweiterte sich.

Eine andere grundlegende Sache, die mir half, war körperliche Kraft und Fitness. Das klingt banal, aber in der ersten Zeit konnte ich nur immer daran denken, welche Körperfunktionen ich verloren hatte und wie schwer alles zu sein schien. Allmählich erkannte ich aber, dass mich die Stärkung meiner physischen Kraft und Ausdauer von den ständigen Schmerzen ablenkte und mir auch den Alltag erleichterte. Das wiederum gab mir mehr Energie, um neue und interessantere Herausforderungen in Angriff zu nehmen. Wenn man nicht genug Kraft hat, um den Rollstuhl über ein nasses Handtuch wegzubewegen, das die Kinder im Flur liegengelassen haben, wird man sich garantiert schwach und erbärmlich fühlen. Also glauben Sie mir: Alles, was Sie für die Verbesserung Ihrer Beweglichkeit, Mobilität, Kraft und Koordinationsfähigkeit tun können, wird Ihnen bei den banalen häuslichen Pflichten Zeit, Mühe und Tränen ersparen. Sie haben schließlich Besseres zu tun.

Noch besser ist es natürlich, wenn Sie auf ein Ziel hin trainieren, das über das Bezwingen Ihrer Behinderung hinausgeht. Und hier kommen Sport und freundschaftlicher Wettstreit mit ins Spiel. Ich war schon immer sportlich, und so war es für mich gar kein großer Sprung, als ich nach dem Unfall mit Wettkampfsport begann. Aber selbst wenn Sie von Natur aus keine Sportskanone sind, möchte ich Sie dazu ermuntern, eine Herausforderung zu suchen, die Sie dazu zwingt, regelmäßig auf eine Art und Weise zu trainieren, die messbare Ergebnisse hervorbringt. Wenn man sich bei jedem Training einfache Ziele setzt – ein bisschen mehr Gewicht stemmen, einen Extradurchgang schaffen, eine größere Strecke bewältigen oder ein bisschen schneller sein als beim letzten Mal –, ist das sehr nützlich für das Aufrechterhalten der Motivation.

Egal welche Art der körperlichen Betätigung Sie wählen, es wird zunächst nicht leicht sein. Ich brauchte mindestens zwei Monate, um einfach nur in einem Kajak sitzen zu können, ohne ins Wasser zu kippen. Am Anfang machte mir das große Angst, denn ich war mit robustem Klettband an meinem Sitz befestigt und fürchtete, mich beim Kentern nur mit Mühe befreien zu können (in Wahrheit war es dann überhaupt nicht schwer).

Als ich mit dem Kajakfahren begann, hatte ich noch keine Wettkämpfe im Sinn – ich wollte einfach nur draußen auf dem Wasser sein. Ich verließ gern das Haus, ich sehnte mich nach körperlicher Befreiung, es machte mir Spaß, meine Technik zu vervollkommnen und immer schneller zu werden. Nach und nach hatte ich mich so sehr verbessert, dass sich ganz von selbst neue Gelegenheiten boten. Ich möchte hier nicht so tun, als wäre Kajakfahren mein neuer Lebenssinn. Meine Familie steht für mich noch immer im Zentrum des Universums. Aber das Paddeln ist ein wichtiger Teil meines Lebens geworden, und wenn ich mir überlege, wie weit ich gekommen bin, seit ich das erste Mal aus der Klinik nach Hause durfte, bin ich sehr froh, dass ich diesen Sport ausprobiert habe und dann dabeigeblieben bin.

Natürlich ist jede Art von Aktivität, die Sie gern ausüben, gut für Sie, und je mehr Anstrengung und Konzentration damit verbunden sind, desto besser. Langeweile ist unser Feind Nummer eins – wenn Ihr Geist nichts zu tun hat, als sich auf Ihre Beschwerden zu konzentrieren und auf Ihren Zorn über das, was mit Ihnen geschehen ist, kann er schrecklich destruktiv werden. Man nimmt die Schmerzen immer stärker wahr und wird immer depressiver. Gelähmt zu sein, ist für Sie, Ihre Familie und Freunde schlimm genug; man muss nicht noch Verbitterung draufsetzen. Wenn es also ein bisschen Schweiß und ein paar Blasen kostet, damit man sich auf lange Sicht besser fühlt, ist es sicher die Mühe wert.

Sie wissen nie, wie sich Ihre Wünsche und Neigungen nach dem Unfall verändern. Ich fühle mich immer noch zum Meer hingezogen; ich glaube, tief im Innern bin ich ein Wasserkind. Als ich das erste Mal wieder in den Ozean eintauchen sollte, dachte ich, es würde wunderbar sein. Aber das war es nicht. Selbst die kleinen Wellen schwappten über mich, und ich fühlte mich, als trüge ich um den Brustkorb ein metallenes Korsett; das Atmen fiel mir schwer und bereitete mir Angst. Mit der Zeit habe ich jedoch die Freuden des Schwimmens für mich wiederentdeckt – zwar bin ich nicht der eleganteste Frosch im Teich und habe es auch noch nicht geschafft zu tauchen, aber die Bewegungen machen mir Spaß, und ich genieße das so seltsame wie erfrischende Gefühl der Schwerelosigkeit im Wasser.

Obwohl mein Geschmackssinn stark beeinträchtigt ist, habe ich noch Freude am Kochen und Backen. Allerdings dauerte es eine Weile, bis ich meine Rezepte wieder im Griff hatte, und zwischenzeitlich tischte ich so manche Katastrophe auf. Nennen Sie mich altmodisch, aber es ist ein ganz besonderes Gefühl, für meine Familie wie eine Mutter zu sorgen – ich darf behaupten, dass die Aprikosenschnitten nach Art meines Vaters noch immer ein anerkennendes Lächeln bei meinen vier Männern hervorrufen.

Wenn Sie die Langeweile besiegen und Ihre neue Welt größer machen wollen, ist es ganz wichtig, dass Sie so viele neue Dinge wie möglich ausprobieren und dabei akzeptieren, dass manche ganz wunderbar und andere ein Schlag ins Wasser sein werden. Sie müssen lernen, mit dem einen wie mit dem anderen Resultat zu leben. Ehe Sie es nicht ein paar Mal ausprobiert haben, können Sie nicht wissen, wo Ihre Stärken liegen und was Ihnen Spaß machen könnte. Und so möchte ich Sie dazu ermutigen, viel öfter Ja als Nein zu sagen und nicht aufzugeben, wenn etwas beim ersten Versuch nicht gleich das Richtige zu sein scheint.

Ein Gradmesser für Ihre Genesung wird sein, in welchem Ausmaß Sie nicht nur für sich selbst sorgen, sondern auch darüber hinaus Verantwortung übernehmen können. Dass ich Penguin gepflegt habe, als sie ein kränkliches Küken war, hat mir unglaublich viel gegeben. Dass ich ihr half, kräftig und unabhängig zu werden, hat mir selbst in vielerlei Hinsicht enorm geholfen. So oft ich kann, versuche ich in eine Position zu gelangen, in der andere Menschen auf mich zählen können statt immer nur umgekehrt. Es kann etwas so Simples sein wie die Zubereitung des Abendessens oder dass ich jemanden zu einem Termin fahre. Es ist nicht leicht, aber inzwischen passiert es immer öfter, und wenn sich solche Gelegenheiten bieten, sind sie eine Bestätigung dafür, dass auch ich meinen Mitmenschen etwas geben kann, dass ich mein Leben im Griff habe und etwas bewirke.

Ihr Leben wird nie wieder so sein, wie es vor dem Unfall war, und das ist für niemanden in unserer Lage leicht zu akzeptieren. Andererseits ist es für mich auch nicht leicht zu akzeptieren, dass Rod Stewart mehr als hundert Millionen Platten und CDs verkauft hat, aber so ist es nun mal. Gegen die eigenen Begrenzungen anzukämpfen, ist Teil unseres Menschseins. Sie und ich sind nicht die ersten Menschen auf der Welt, die eine Querschnittslähmung haben, und wir werden auch nicht die letzten sein. Vor uns haben andere gezeigt, wie man weiterhin ein erfülltes und gelingendes Leben führt, und wir können das auch. Schon so viele andere haben immer mal wieder emotional Schiffbruch erlitten, und auch wir bekommen eben unseren Teil davon ab.

Die Wahrheit ist, dass man in mancher Hinsicht nicht mehr die Person ist, die man einmal war. Mehr als die Hälfte des Körpers wird jetzt einfach mitgeschleppt. Ich habe es oft so empfunden, als wären zwei Drittel von mir gestorben, und ich vermute, dass mir immer eine kleine Gewitterwolke aus Traurigkeit und Zorn im Nacken hängen wird. Aber so lange wir eine Wahlmöglichkeit haben, bleiben wir eine selbstbestimmte Person. Niemand kann erwarten, dass jeder Tag perfekt ist, aber die Gegenwart wird nicht davon besser, dass wir den Dingen nachtrauern und nur in der Vergangenheit leben. Es liegt an uns zu entscheiden, wie wir Herausforderungen und schwierige Phasen angehen wollen und wie wir die Gelegenheiten, schöpferisch, produktiv und glücklich zu sein, ergreifen.

~

Ein Wort an die Angehörigen und engen Freunde eines von Querschnittslähmung betroffenen Menschen: Es tut mir leid, dass Sie solche Traurigkeit und Hoffnungslosigkeit durchmachen müssen. Ich weiß, wie sehr auch der engste Familien- und Freundeskreis mit dem Schmerz und der ungewissen Lage zu kämpfen hat, wenn so etwas passiert. Das Gefühl des Verlusts, das Sie erleiden, trügt nicht, und jeder muss das so gut wie möglich verarbeiten. Es ist gut, Hilfe bei jemandem zu suchen, der diese Erfahrung bereits durchgemacht hat.

Wenn Sie wirklich helfen wollen, dürfen Sie möglichst nicht in

Selbstmitleid versinken oder in dem Wunsch, die Dinge sollten wieder so sein wie vorher. Wie traurig oder erschüttert Sie über das Geschehene auch sein mögen – es ist nichts im Vergleich zu dem, was der Betroffene fühlt. Nichtsdestotrotz hat sich Ihr Arbeitspensum jetzt verdreifacht, und Ihre Freizeit hat sich halbiert. Außerdem müssen Sie gegenüber jemandem, der mit der Welt hadert, Schmerzen leidet und zutiefst deprimiert ist, tapfer und positiv auftreten. Das ist nicht gerade ein Kinderspiel.

Ich kann Ihnen nur sagen, dass Sie versuchen müssen, normal zu kommunizieren – tun Sie Ihr Bestes, um nicht nur den Rollstuhl zu sehen, sondern auch den Menschen, den Sie schon lange kennen und lieben. Sprechen Sie zu dieser Person und nicht zu dem Invaliden, der da vor Ihnen sitzt. Entwickeln Sie ein Gespür für unsere Grenzen; streuen Sie nicht noch Salz in unsere Wunden, indem Sie von Dingen erzählen, die für uns momentan außer Reichweite sind. Irgendwann wird das kein Thema mehr sein, aber vor allem im ersten Jahr ist es besonders hart. Bitte erzählen Sie uns keine Horrorgeschichten über Leute, die es noch schlimmer erwischt hat, und versuchen Sie nicht, uns darzulegen, dass wir eigentlich noch Glück hatten. Und strapazieren Sie nicht über Gebühr Geschichten von behinderten Menschen, die Unmögliches in Angriff nahmen, etwa das Erklimmen des Mount Everest nur mit den kleinen Fingern. Als wäre es das, was wir uns zum Ziel setzen sollten. Ein bisschen zusätzliche Ermutigung ist großartig, aber im Moment liegt unser persönlicher Mount Everest gleich jenseits der Schwelle.

Die schlimmste Zeit für uns beginnt, wenn wir zum ersten Mal aus dem Krankenhaus kommen. Es gibt einen schrecklichen Augenblick, in dem die süße Aufregung, endlich nach Hause zu dürfen, zu Staub zerfällt: Wir merken, dass unser geliebtes Zuhause vom Rollstuhl aus ganz anders aussieht.

Solange wir auf der Rückenmarksstation festhängen, träumen wir davon, wieder in unserem eigenen Bett zu liegen, aber ohne all die medizinischen Vorrichtungen ist zu Hause alles weit schwerer, als wir es uns vorgestellt hatten. Zum ersten Mal seit vielen Monaten ist man auch die einzige gelähmte Person weit und breit. Die Gegenwart der anderen Rückenmarkspatienten hatte auf seltsame Weise beruhigend gewirkt, aber nun stecken nur noch wir in einem Rollstuhl, und alle anderen leben ihr Leben mehr oder weniger wie immer. Da wir unseren Alltag nicht einfach wieder aufnehmen können, haben wir das schreckliche Gefühl, aus dem Leben, das wir einst liebten, herausgerissen zu sein. Als ich sah, wie mein Mann die entstandene Lücke ausfüllte und für unsere drei Jungs im Grunde zum alleinerziehenden Vater wurde, fühlte ich mich, als wäre ich keine richtige Mutter mehr, ja nicht einmal mehr ein Teil der Familie.

Erwarten Sie von uns nicht, dass wir alles über unseren Zustand wüssten oder es anderen mitteilen könnten. Recherchieren Sie selbst und finden Sie so viel heraus, wie Sie können. Auf diese Weise werden Sie besser verstehen, was wir durchmachen. Statt sich hilflos zu fühlen, sollten Sie nach Wegen suchen, um etwas Sinnvolles bewirken zu können. So brachte mir mein Mann einen tragbaren DVD-Player und eine Auswahl von Filmen mit, um das öde Eingesperrtsein im Krankenhaus erträglicher zu machen. Davor hatte ich zwischen den Besuchszeiten oft stundenlang im Bett herumgelegen und immer wieder die Streifen an den Vorhängen gezählt. Außerdem verbrachte Cameron viel Zeit im Internet, um nach besseren Behandlungsmöglichkeiten und Hilfsmitteln zu suchen. So spürte er einen neuartigen deutschen Katheterverschluss auf, der viel besser war als mein bisheriger, und auch einen billigen gebrauchten Rollstuhl, mit dem ich am Strand

ins Salzwasser fahren konnte. Das waren zwar nicht unbedingt die romantischsten Geschenke, aber sie hatten auf mich eine sehr positive Wirkung. Cameron organisierte in unserer Gemeinde auch eine Benefizveranstaltung, die es uns ermöglichte, ein umgebautes Auto zu kaufen, das ich mit Handbetrieb fahren konnte. Außerdem konnten wir so Bad und Küche rollstuhlgerecht umgestalten. Seine unglaublichen Anstrengungen machten nicht nur, dass ich mich sehr geliebt fühlte, sondern verbesserten auch meine Lebensqualität binnen Kurzem spürbar. Das wiederum erleichterte der ganzen Familie das Leben. Cameron wäre sicher verlegen, wenn ich ihn hier zu meinem Helden machen würde, aber ich glaube wirklich, dass er absolut fantastisch ist.

Denken Sie immer daran, dass Sie sich nicht nur um *eine* Person kümmern müssen. Wir haben Sie, aber wer ist für Sie da? Wir sind nicht dazu imstande, uns um Ihre Bedürfnisse und Gefühle zu sorgen, während wir noch darum kämpfen, mit unserer Behinderung klarzukommen. Also müssen Sie sich Zeit für sich selbst nehmen und weiterhin ein reiches, erfülltes Leben leben, um in aller Interesse gesund und glücklich zu bleiben. Sie müssen ausgehen, Freunde treffen und nach einem harten Tag Dinge tun, die Körper und Geist erfrischen. Sie sind unser nichtbehinderter Botschafter beim Rest der Welt, und wenn Sie interessante Geschichten und Ideen, besondere Leckerbissen, gute Wünsche und eine optimistische Denkweise mit nach Hause bringen, haben Sie richtig viel geleistet.

Ablenkungen sind großartig, also seien Sie erfinderisch – versuchen Sie, neue Dinge vorzuschlagen, und geben Sie uns einen kleinen Extraschubs, damit wir in Schwung kommen. Und auf jeden Fall sollten Sie selbst neuen Interessen nachgehen – wer weiß, vielleicht wird etwas, das Sie gerade in

Angriff nehmen, für uns beide zu einem Anknüpfungspunkt. Cameron und die Jungs fingen letzten Sommer an, Bienen zu halten. Das war ein bisschen merkwürdig (vor allem, weil Cameron hochgradig allergisch gegen Bienenstiche ist), aber auch ganz wunderbar. Ich war nicht sicher, ob ich mich bei der Pflege der Bienenstöcke wirklich nützlich machen konnte, aber ich genoss das fröhliche Schauspiel vom ersten Tag an. Als die Zeit gekommen war, den Honig zu gewinnen, war ich sehr überrascht und erfreut, wie sehr ich mithelfen konnte. Wir wechselten uns dabei ab, den Honig aus den Wabenrahmen zu schleudern, und ich übernahm mit den Jungs zum großen Teil die Abfüllung und Etikettierung. Dann weiteten wir unser Geschäft aus, indem wir einen Bio-Lippenbalsam und Surfwachs aus Bienenwaben kreierten, und die Jungs verkauften diese Produkte ebenso wie die Gläser mit köstlichem Bio-Honig, um sich ihr Taschengeld aufzubessern. Nicht im Traum hätte ich es für möglich gehalten, dass mir die Imkerei Spaß machen würde, aber als wir unsere ersten Gläser »Bungan Beach Honig« abfüllten, schufen wir damit im Grunde die erste glückliche Familienerinnerung seit meinem Unfall.

Eines möchte ich Ihnen unbedingt noch sagen: Nehmen Sie es nicht persönlich, wenn Sie ins Kreuzfeuer unseres Wütens gegen das Leben, das Universum und überhaupt alles geraten. Es richtet sich nicht gegen Sie, wirklich nicht; wir sind einfach nur aufgebracht über das, was uns widerfahren ist, und darüber, wie wenig wir an unserer Lage ändern können. Wir vermissen unser altes Leben. Wir vermissen unser altes Selbst. Wir hassen es, Räder als Beine zu haben, und möchten einfach nur, dass alles wieder so wird wie früher. Manchmal ist diese Sehnsucht so stark, dass ein Mensch sie kaum ertragen kann. Die Wahrheit ist, dass wir ohne Sie nicht darüber hinwegkommen können, und doch gibt es Zeiten, in denen wir diese Einsicht hassen. Es ist ein schwieriger Balanceakt zwischen echter Dankbarkeit und tiefer Verzweiflung. Vielleicht werden wir nie richtig zugeben können, wie tief unser Schmerz ist oder wie sehr wir Ihre Hilfe schätzen. Denken Sie aber immer daran, dass Ihre Liebe uns am Leben hält.

Ich habe mit meiner Lage keinen Frieden gemacht – ich verabscheue es zutiefst, gelähmt zu sein, und zucke jedes Mal zusammen, wenn ich das Wort »behindert« höre. Ich würde fast alles dafür geben, wieder auf meinen eigenen Beinen stehen zu können. Ich muss weder tanzen gehen noch einen Berg erklimmen oder Olympiagold gewinnen – es würde mir schon genügen, Hand in Hand mit meinem Mann zum Strand hinunterzugehen und den feuchten Sand zwischen den Zehen zu spüren.

Bei allem Schmerz und allem Bedauern weiß ich doch, dass jeder Tag, den ich mit meiner Familie erleben kann, ein Geschenk ist. Jeder Tag bietet mir Gelegenheit, meine hübschen Jungs zu jungen Männern heranwachsen zu sehen und selbst als Persönlichkeit zu wachsen. Und jeder Tag bringt neue Hoffnung auf eine Therapie.

Es ist erstaunlich und schmerzlich zugleich, dass wir im 21. Jahrhundert leben und noch kein Heilverfahren für Rückenmarksverletzungen gefunden haben. Heute leben auf der Welt fast 90 Millionen Menschen mit Rückenmarksschädigungen, und jedes Jahr werden bis zu 500 000 neue Fälle (meistens junge Männer) verzeichnet. Nach Angaben der Weltgesundheitsorganisation werden die meisten dieser Menschen – genau wie ich – eine deutlich reduzierte Lebenserwartung haben. Außerdem haben sie ein fünfmal höheres Selbstmordrisiko, vor allem im ersten Jahr nach ihrem Unfall.

Glücklicherweise machen einige der klügsten Köpfe in der Medizin allmählich echte Fortschritte bei der Reparatur und Regeneration von Nerven. Innovative Techniken wie etwa Rückenmarksimplantate, Zelltransplantation, Elektroakupunktur und das Aufkommen der epiduralen Rückenmarkstimulation lassen mich sehr hoffen, dass ich eines Tages in Rumpf und Beinen wieder etwas fühle und sie benutzen kann. Dass ich eines Tages meine Unabhängigkeit vollständig wiedererlangen könnte.

Was einst ein unerfüllbarer Traum zu sein schien, rückt seiner Verwirklichung immer näher. Das Erreichen dieses wichtigen medizinischen Ziels hängt jedoch ganz davon ab, in welchem Maße die bahnbrechenden Forschungen finanziell unterstützt werden.

Ich bin stolz darauf, dass Cameron und unser Freund Bradley Trevor Greive jeweils zehn Prozent ihrer internationalen Buchhonorare spenden werden, um die wichtige Arbeit von Wings for Life zu fördern. Ihr Beitrag wird von unseren Verlagen HarperCollins Australia und Knaus großzügig erweitert, was ich außerordentlich finde.

Wenn unsere Geschichte Sie bewegt hat, hoffe ich aufrichtig, dass Sie über eine Spende an Wings for Life nachdenken. Sie können dafür die offizielle Website www.wingsforlife.com nutzen. Penguin hat geholfen, mein Leben zu retten, aber Ihre Unterstützung wird helfen, mich wieder auf die Beine zu bringen.

Herzlich und mit großem Dank,

Sam Bloom

Wir unterstützen

WINGS for LIFE

STIFTUNG FÜR RÜCKENMARKSFORSCHUNG.

Die australische Originalausgabe erschien 2016 unter dem Titel »Penguin Bloom«
bei HarperCollins Publishers Australia, Sydney.

Zitate
Seite 6: Eduardo Galeano, *Kinder der Tage*. Aus dem Spanischen von Lutz Kliche. Wuppertal 2012, Seite 242
Seite 27: Emily Dickinson, *Gedichte*. Aus dem amerikanischen Englisch von Gunhild Kübler. München 2006, Seite 83

MIX
Papier aus verantwortungsvollen Quellen
FSC® C021956

Penguin Random House Verlagsgruppe FSC® N001967

4. Auflage

Covergestaltung: www.buerosued.de nach einem Entwurf von Favoritbüro
nach einer Vorlage von Matt Stanton und Hazel Lam, HarperCollins Design Studio
Foto Umschlagvorder- und Rückseite: Cameron Bloom
Satz: Leingärtner, Nabburg
Druck und Bindung: Litotipografia Alcione s.r.l., Lavis
Printed in Germany
ISBN 978-3-328-10365-3
www.penguin-verlag.de

Dieses Buch ist auch als E-Book erhältlich.